www.ingramcontent.com/pod-product-compliance
Lightning Source LLC
LaVergne TN
LVHW021304080526
838199LV00090B/6012

9 7 8 9 3 6 9 0 8 3 8 2 4

v

محبت اور جنگ
(ناولٹ)

الیاس سیتاپوری

© Ilyas Sitapuri

Mohabbat aur Jung *(Novelette)*
by: Ilyas Sitapuri
Edition: February '2025
Publisher :
Taemeer Publications LLC (Michigan, USA / Hyderabad, India)

ISBN 978-93-6908-382-4
9 789369 083824

مصنف یا ناشر کی پیشگی اجازت کے بغیر اس کتاب کا کوئی بھی حصہ کسی بھی شکل میں بشمول ویب سائٹ پر اَپ لوڈنگ کے لیے استعمال نہ کیا جائے۔ نیز اس کتاب پر کسی بھی قسم کے تنازع کو نمٹانے کا اختیار صرف حیدرآباد (تلنگانہ) کی عدلیہ کو ہو گا۔

© الیاس سیتاپوری

کتاب	:	**محبت اور جنگ** (ناولٹ)
مصنف	:	**الیاس سیتاپوری**
صنف	:	تاریخی فکشن
ناشر	:	تعمیر پبلی کیشنز (حیدرآباد، انڈیا)
سالِ اشاعت	:	۲۰۲۵ء
صفحات	:	۶۸
سرورق ڈیزائن	:	تعمیر ویب ڈیزائن

۱۵۲۶ میں جب مغل سلطنت کے بانی ظہیرالدین بابر نے ہندوستان کے پٹھان فرمارواں ابراہیم لودھی کو پانی پت کے میدان میں شکست دے دی تو پورا ملک افراتفری اور انتشار کا شکار ہوگیا۔ کئی صوبے داروں نے خود مختاری کا اعلان کر دیا اور جو جس علاقے پر قابض یا تعینات تھا، وہاں کا سلطان بن گیا۔ شکست خوردہ مقتول بادشاہ ابراہیم لودھی کے رشتہ دار فاتح بادشاہ بابر سے ساز باز کر رہے تھے۔ اسی طرح بہار کا صوبے دار بہار خاں بھی سلطان محمد بہار بن کر بہار پر حکومت کرنے لگے۔

آوارہ و سرگرداں جاگیردار بھی بہار کے حکمراں سلطان محمد بہار خاں کے پاس جا جاکر اور لچھے دار باتیں بنا کر اپنی جگہ بنانے لگے۔ انہی میں خواص پور ٹانڈہ، سہسرام کے جاگیردار حسن خاں سور کا بیٹا فرید خاں بھی شامل تھا۔ فرید خاں کا باپ حسن خاں سوری اپنی کمسن ہندو بیوی کا عاشق تھا۔ اس عورت نے اپنے بیٹوں کیلئے راہ ہموار کرنے کی خاطر حسن خاں کو اپنے لائق ترین بیٹے فرید خاں کے خلاف کر دیا۔ اور فرید خاں آزردہ و دل شکستہ ادھر اُدھر گھوم پھر کر بہار کے خود ساختہ سلطان محمد بہار خاں، فرید خاں اُس کے دربار سے وابستہ ہوگیا۔ سلطان محمد بہار خان، فرید خان سے بہت متاثر ہوا۔ اس نے فرید خاں کو اتنی عزت دی کہ ان دونوں کا بیشتر وقت ایک ساتھ گزرتا۔ سلطان محمد بہار خاں نے فرید خاں کو مختلف طریقوں سے خوب خوب جانچا اور پرکھا، اس نے دیکھا فرید خاں علی الصبح اٹھ کر نماز پڑھتا ہے اور ظہر کی نماز کے بعد قیلولے کی بجائے قرآن پاک کی تلاوت کرتا ہے سلطان کو حیرت تھی کہ اتنے پابندِ صوم و صلوٰۃ جوان نے اپنے باپ سے ناراض ہو کر دوری اختیار کر رکھی ہے۔ وہ فرید خاں سے چند باتیں کرنا چاہتا تھا لیکن موقع محل دیکھ کر۔

سلطان محمد شکار پر جانے لگا تو فرید خاں کو بھی اپنے ساتھ لے لیا۔ سلطان نے فرید کے چہرے پر فرحت و تازگی کے بجائے جبر اور بے چینی کی کیفیت محسوس کی۔ سلطان کو شبہ گزرا۔ شاید فرید خاں شکار سے بچنا چاہتا ہے، سلطان نے کہا۔ "فرید خاں ہم شکار کھیلنے جا رہے ہیں۔"

فرید خاں نے جواب دیا۔ "مجھے معلوم ہے۔"

سلطان نے کہا۔ "اگر معلوم ہے تو تم خوش کیوں نہیں ہے؟ کیا شکار سے دلچسپی نہیں رکھتا؟"

فرید خاں نے جواب دیا۔ "حضور والا! فرغانہ کا بابر کڑہ، مانک پور تک آچکا ہے۔ میری ناقص رائے میں حضور والا کو شکار سے پرہیز کرنا چاہئے۔ دشمن ہماری تاک میں ہے اور ہم جانوروں کا پیچھا کریں، یہ کہاں کی عقلمندی ہے۔"

سلطان کے چہرے کا رنگ متغیر ہوگیا۔" اس نے اپنے دوسرے ساتھیوں کی طرف

دیکھا، ایک نے سلطان کی دلجوئی کی۔ "حضور والا! شکار بادشاہوں کا محبوب ترین مشغلہ رہا ہے میرا خیال ہے فرید خاں درندوں سے ڈرتا ہے تبھی شکار سے کترا رہا ہے۔"

فرید خاں کا چہرہ سرخ ہوگیا۔ "خوشامدی جوان! یہ تو وقت بتائے گا کہ کون کس سے ڈرتا ہے۔"

سلطان نے ان کی نوک جھونک پر کوئی توجہ نہ دی۔ اور وہ دریائے گنگا عبور کرکے اس کے شمالی ساحل پر اتر گیا۔ یہاں سلطان کے بائیں طرف شمالی سمت سے گنگا کی معاون ندی گنڈک آکر مل گئی تھی۔ سلطان کو نیپال کی ترائی میں شکار کھیلنا تھا۔

ہنکودوں نے اپنا کام شروع کر دیا۔ سلطان ہاتھی پر اپنی عماری سے جنگلی جانوروں کے دوڑنے بھاگنے کا منظر دیکھ کر خوش ہو رہا تھا۔ سلطان کے مصاحبین بھی ہاتھیوں پر سوار تیروں سے اپنے شکار کو مار گرانے کی کوشش کر رہے تھے۔ لیکن فرید خاں نے اپنے لئے ہاتھی کے بجائے گھوڑے کا انتخاب کیا تھا۔ فرید خاں کے حاسد اسے گھوڑے پر سوار دیکھ کر منہ پھیر کر ہنس رہے تھے۔ ان کا خیال تھا کہ فرید خاں نے شیخی میں گھوڑے کی سواری اختیار کرلی ہے۔

فرید خاں نے جب یہ دیکھا کہ سلطانی مصاحبین کے نشانے خطا ہو رہے ہیں تو اس نے آواز دی۔ "صاحبان! ہاتھیوں سے نیچے آجائیں، شکار زمین پر ہے۔ آسمانوں سے نیچے آجائیں۔"

کہیں قریب ہی سے شیر کے دہاڑنے کی آواز سنائی دی۔ پورا جنگل گونج گیا اور... مصاحبین کے چہرے خوف سے زرد پڑ گئے۔

سلطان نے آواز دی۔ "فرید خاں! خطرہ! اوپر آجا، شیر کہیں قریب ہی موجود ہے۔"

فرید نے ابھی جواب نہیں دیا تھا کہ جھاڑی سے شیر نمودار ہوگیا، وہ آہستہ آہستہ فرید خاں کی طرف بڑھا۔

فرید خاں نے گھوڑے سے چھلانگ لگا دی۔ اس کے ہاتھ میں عریاں تلوار تھی۔

کئی مصاحبوں کی چیخیں نکل گئیں۔

سلطان نے کہا۔ "فرید خاں! یہ کیا حماقت ہے، بچنے کی فکر کر۔"

فرید خاں نے کوئی جواب نہ دیا کیوں کہ اس وقت اس کی نظریں شیر پر جمی تھیں۔ وہ اپنی توجہ لمحہ بھر کے لئے بھی کسی اور طرف نہیں کرسکتا تھا۔ شیر فرید خاں کی طرف آتے آتے ٹھٹھک کر کھڑا ہوگیا۔ فریدخاں کو اندازہ ہو چکا تھا کہ کچھ ہونے والا ہے۔ شیر نے اچانک جست لگائی۔ وہ فرید خاں کو جھاپڑ رسید کرکے اس کا چہرہ نوچ لینا چاہتا تھا مگر فرید خاں

پھرتی سے زمین پر لیٹ گیا۔ شیر اس کے اوپر سے گزر کر دور جا گرا لیکن اس دوران فرید خاں کی تلوار کی نوک اس کا پیٹ چاک کر چکی تھی۔ فرید خان نے زمین پر لیٹتے ہی اپنی تلوار کو شیر کے پیٹ کی طرف اٹھا دیا تھا چنانچہ جب شیر اوپر سے گزرا تو تلوار کی نوک اس کے پیٹ سے رگڑ کھاتی ہوئی خشگاف ڈال گئی۔ شیر ایک بار پھر دہاڑا۔ اتنی دیر میں فرید خان پھرتی سے اٹھا اور زخمی شیر پر پے در پے وار کر کے بے جان کر دیا۔

یہ سب کچھ اتنی تیزی سے آناً فاناً ہوا کہ سلطان کی کچھ سمجھ میں نہ آیا۔ کئی مصاحبین ہیجان پر بے ہوش ہو چکے تھے۔ کئی کی گھگھیاں بندھ گئی تھیں اور کپکپاہٹ سے ان کی آواز نہیں نکل رہی تھی۔ شیر کے خون کے چھینٹوں نے فرید خاں کے صاف ستھرے لباس کو کہیں کہیں سے سرخ کر دیا تھا۔ فرید خان نے اپنی خون آلود تلوار کو مردہ شیر کی کھال سے رگڑ کر صاف کیا۔

سلطان نے فیلبان کو حکم دیا۔" ہاتھی کو بٹھایا جائے۔"

فیلبان نے ہاتھی بٹھا دیا۔ سلطان عماری سے باہر آیا، اور تیز تیز قدموں سے چل کر فرید خان کے دونوں شانے پکڑ لیے۔ اس کا منہ اپنے سامنے کر دیا۔ دونوں ایک دوسرے کو بغور دیکھتے رہے۔ سلطان کی نظروں میں داد و تحسین تھی اور فرید خان کی نظروں میں عاجزی و انکساری۔ سلطان نے پوری گرم جوشی سے فرید خان کو اپنے گلے لگا لیا۔ بولا۔

" میں تجھے اتنا بہادر نہیں سمجھتا تھا۔"

فرید خان نے جواب دیا۔" سلطانِ معظم! میں حیران ہوں کہ یہ کیا ہو گیا۔"

سلطان نے اپنے مصاحبین کو بھی دم میں بلا لیا۔ ان میں پرگنہ جونپور کا حاکم محمد خاں سوری بھی شامل تھا۔ یہ امیر فرید خان کے سوتیلے بھائیوں کی بڑی طرفداری کرتا تھا۔ محمد خان سوری فرید خان کی بہادری سے خوش نہیں ہوا۔ سلطان محمد نے بطورِ خاص محمد خاں کو مخاطب کیا۔" تو نے فرید خان کی بہادری دیکھی؟"

محمد خان نے جواب دیا۔" دیکھی، حضور جس چیز کو بہادری فرما رہے ہیں وہ محض حسنِ اتفاق تھا۔ فرید خان کی جگہ کوئی دوسرا شخص بھی ان حالات میں یہی کارنامہ انجام دے سکتا تھا۔"

سلطان نے فرید خان کی پشت تھپتھپائی۔" نہیں محمد خاں! یہ ایک کارنامہ ہے، عدیم المثال کارنامہ۔ میں فرید خان کو شیر خان کا خطاب دیتا ہوں۔" فرید خان کا چہرہ اپنی طرف پھیر کر کہا۔" آج سے تو شیر خان ہے۔"

فرید خان نے سلطان کا شکریہ ادا کیا۔

محمد خان سوری نے ایک بار پھر سلطان کو ورغلایا۔" سلطان المعظم! فرید خان کا باپ مر چکا ہے اور سلطنت دہلی سے فرید خان کو ٹانڈہ، خواص پور اور سہسرام کا حاکم تسلیم کیا جا چکا ہے، جب کہ دیانت اور انصاف کا تقاضا یہ ہے کہ فرید خان حکومت میں اپنے دونوں سوتیلے بھائیوں کو بھی شریک کر لے۔"

سلطان نے جواب دیا۔" محمد خان! یہ ان باتوں کا وقت نہیں ہے، اب فرید خان شیر خان ہو چکا ہے۔"

فرید خاں بڑے ضبط سے کام لے رہا تھا لیکن جب بات ناقابلِ برداشت ہو گئی تو بول دیا۔" حضور والا! حکومت کسی کی میراث نہیں ہوتی، جو حکومت کرنے کا اہل ہوتا ہے حکومت اس کے پاس چلی جاتی ہے۔ خدا کے فضل سے میں اس کا اہل ہوں، پھر ایک اہل آدمی اپنی حکومت نااہلوں کے حوالے کیوں کر دے۔"

محمد خان نے تلوار کے قبضے پر ہاتھ رکھ دیا۔" فرید خان تو گستاخ بھی ہے۔"

فرید خان نے بھی اپنی تلوار کا دستہ پکڑ لیا۔" یہ گستاخی نہیں، آپ کی بات کا مدلل جواب ہے۔"

سلطان کی تیوریوں پر بھی بل پڑ گئے۔ نہایت پر وقار لہجے میں دونوں کو سمجھایا۔ " تم دونوں اپنے بادشاہ کے روبرو نہیں جھگڑ سکتے زیادہ حد ادب۔" پھر فرید خاں سے کہا۔" اور شیر خان! تو مجھے بے حد عزیز ہے لیکن اس کا یہ مطلب نہیں کہ تو محمد خاں سوری سے گستاخی کرے، پھر محمد خان سور سے کہا۔" محمد خان سوری! تم میری بات غور سے سنو۔ اگر فرید خاں کا اپنے سوتیلے بھائیوں سے کسی قسم کا تنازعہ چلا آ رہا ہے تو یہ شکار گاہ اس تنازعے کے تصفیے کے لئے مناسب جگہ نہیں۔ گھروں کے مسائل گھروں ہی میں طے پانے چاہئیں۔"

سلطان کے دوسرے مصاحبین بھی فرید خان سے ناخوش تھے اور ان کی ناخوشی ان کے حسد کی وجہ سے تھی۔ وہ اشاروں اور کنایوں میں فرید خان کی مذمت اور محمد خاں سور کی حمایت کر رہے تھے۔ سلطان کی طبیعت انتہائی منغص ہو چکی تھی، اس نے واپسی کا حکم دیا اور یہ سب مزید شکار کھیلے بغیر ہی واپس آ گئے۔

سلطان محل میں اس طرح داخل ہوا کہ کسی کو خدا حافظ کہنے کا بھی موقع نہ دیا۔ جملہ مصاحبین کا خیال تھا کہ سلطان، فرید خاں اور محمد خان سور کو نقصان ضرور پہنچائے گا۔ فرید خاں بھی سلطان کے بگڑے تیور سے پریشان ہو رہا تھا۔ وہ اپنی قیام گاہ میں بے دلی سے داخل ہوا۔ اس وقت وہ تذبذب کا شکار ہو چکا تھا۔ کبھی سوچتا کہ وہ سلطانی عتاب کا انتظار کئے بغیر

چپ چاپ فرار ہو جائے اور کبھی دل سے یہ کہتا تھا کہ بھاگنے کی کوئی ضرورت نہیں کیوں کہ تقدیرِ الٰہی سے بھاگنا انسان کے بس کی بات نہیں ہے۔

اس نے رات کو عشاء کی نماز پڑھی اور سکون کی خاطر قرآن پاک کو جیسے ہی کھولا چوبیسویں پارے کی سورۂ الزمر کی آیت نمبر ۵۳ سامنے آگئی قل یاعبادی الذین اسرفوا علیٰ انفسھم لا تقنطوا من رحمۃ اللہ (تم ان کو ہماری طرف سے کہہ دو کہ اے میرے بندو! جنھوں نے اپنی جان پر ظلم کیا ہے اللہ کی رحمت سے مایوس نہ ہو۔)

فرید خان شدتِ جذبات سے رو ہانسا ہو گیا۔ اس کی آنکھیں بھیگ گئیں اس نے قرآن پاک کو بوسہ دیا اور آنکھیں بند کرلیں۔ اس کے کانوں میں بس یہی گونج رہا تھا۔ لا تقنطوا من رحمۃ اللہ، لا تقنطوا من رحمۃ اللہ۔

فرید خان نے اپنے دونوں کانوں پر ہاتھ رکھ لئے اور گھٹی گھٹی آواز میں بولا۔ "اے اللہ العالمین میں تیری رحمت سے مایوس نہیں ہوں۔"

اسی وقت کسی نے دروازے پر دستک دی۔ فرید خان کو شبہ گزرا کہ شاید اس کا واہمہ ہے لیکن دوسرے ہی لمحہ پھر کسی نے دستک دی اس نے دروازہ کھولا تو دیکھا اس کا اپنا حقیقی چھوٹا بھائی نظام سامنے کھڑا ہے۔

فرید خان نے نظام کو سوالیہ نظروں سے دیکھا تو اس نے عرض کیا۔" برادرِ محترم آپ کو سلطان نے اسی وقت طلب فرمایا ہے۔"

فرید خان کے دل پر وسوسوں اور اندیشوں نے یلغار کر دی مگر اس یلغار کے باوجود ایک آواز اس پر حاوی تھی لا تقنطوا من رحمۃ اللہ۔

فرید خان نے درباری لباس پہنا اور نہایت سکون و اعتماد کے ساتھ باہر جاتے ہوئے نظام سے پوچھا۔" وہ سلطانی فرستادہ کہاں ہے؟"

نظام نے فرید خان کو سلطانی فرستادے سے ملوا دیا۔ فرید خان نے فکر و تردد عاری لہجے میں پوچھا۔" کیا سلطان نے مجھے اسی وقت حاضری کا پابند کر دیا ہے؟"

شاہی فرستادے نے جواب دیا۔" جی حضور! اسی وقت طلب فرمایا ہے بلکہ ابھی میرے ساتھ تشریف لے چلیں۔"

فرید خان نے اپنے بھائی سے کہا۔" نظام! میرے بھائی، میرے بیٹے! اگر سلطان کے پاس دیر ہو جائے تو بلاوجہ فکر مند نہ ہو جانا۔"

نظام نے کچھ پوچھنے کے لئے منہ کھولا ہی تھا کہ فرید خان اس سے پہلے ہی روانہ ہو گیا۔

نظام کھسیا کر رہ گیا۔

سلطان بڑی بے چینی سے فرید خان کا انتظار کر رہا تھا۔ اس نے اپنے دونوں ہاتھ پشت پر باندھ رکھے تھے اور نہایت پھرتی اور مستعدی سے چہل قدمی میں مشغول تھا۔ جب شاہی خدام نے فرید خان کو سلطان کے روبرو پہنچایا تو وہ ٹہلتے ٹہلتے ایک دم رک گیا۔ فرید خان نے نظریں جھکا لیں اور سلطان نے اس پر ایک سرسری نظر ڈال کر مخاطب کیا۔ "شیر خان! اب تو فرید خان نہیں رہا۔ میں نے اپنے فرمان کے ذریعے سب کو مطلع کر دیا ہے کہ فرید خان شیر ہلاک کرنے کے بعد شیر خان ہو گیا ہے۔ اس لئے اب ہر کوئی تجھے شیر خان کہہ کر ہی مخاطب کرے گا۔"

فرید خان نے مودبانہ عرض کیا۔ "یہ میری خوش قسمتی ہے کہ آپ مجھ پر اس قدر مہربان ہیں، میں کس زبان سے سلطان کا شکریہ ادا کروں؟"

سلطان نے گویا اس کی بات سنی ہی نہیں، کہا۔ "ابھی ابھی جب تک تو ہمارے پاس آیا نہیں تھا، میں اسی شک و شبہے میں مبتلا تھا کہ کہیں تو دل برداشتہ ہو کر سہسرام تو نہیں چلا گیا۔"

شیر خان نے جواب دیا۔ "آپ کا اندیشہ درست تھا سلطان معظم! میں معلوم نہیں کس طرح اپنی اہانت برداشت کر گیا میں نے گھر پہنچتے پہنچتے یہ فیصلہ کر لیا تھا کہ ملازمت چھوڑ کر سہسرام چلا جاؤں مگر جب میرے رب نے مجھ سے یہ کہا کہ میں اس کی رحمت سے مایوس نہ ہوں تو میں رک گیا۔"

" سلطان نے پوچھا۔ "کیا تو جانتا ہے کہ میں نے تجھے کیوں بلایا ہے؟"

شیر خان نے جواب دیا۔ "نہیں بندہ پرور، خاکسار علم غیب نہیں جانتا۔"

سلطان نے مسکرا کر کہا۔ "علم غیب سے تو سبھی محروم ہیں ــ میں محمد خان سور سے ذرا بھی خوش نہیں، اس نے تیرے ساتھ جو کچھ بھی کیا ہے، میں سمجھتا ہوں بہت برا کیا۔"

شیر خان نے جواب دیا۔ "اب ان باتوں کو جانے دیجئے۔ میں نے ضبط و برداشت کی عادت ڈال لی ہے۔"

سلطان نے کہا۔ "شیر خان! میں تیری ذہنیت، عملیت، مستعدی اور اصول پسندی سے بے حد متاثر ہوں اور خوش بھی۔ تو بہادر بھی ہے، اس لئے میں نے یہ فیصلہ کیا ہے کہ تجھے اپنے بیٹے جلال کا اتالیق بنا دوں۔"

شیر خان نے بے چین ہو کر سلطان سے نظریں ملانا چاہیں مگر نہیں ملا سکا۔

سلطان بولتا رہا۔ "میں چاہتا ہوں میرے بیٹے جلال میں وہ ساری خوبیاں پیدا ہو جائیں جو تجھ میں موجود ہیں اس لئے میں نے تجھ کو جلال کا اتالیق نامزد کر دیا ہے۔"

شیر خان نے سلطان کا شکریہ ادا کیا۔

سلطان نے ایک بار پھر شیر خان کو سمجھانے کی کوشش کی۔ "اور شیر خان! میں نے جونپور کے حاکم محمد خان کو یہ حکم دے دیا ہے کہ وہ تیرے گھر سہسرام جائے اور تجھ کو جاگیر کی تقسیم پر آمادہ کرے۔" پھر کسی قدر خاموشی کے بعد کہا۔ "میرا خیال ہے کہ میرا یہ فیصلہ مناسب اور عادلانہ ہے۔"

شیر خان نے جواب دیا۔ "عدل نہایت محترم اور اعلیٰ خوبی ہے، جس حکمراں میں یہ خوبی نہ ہو، وہ حکمراں نہیں غاصب اور ظالم ہوتا ہے۔ میں کسی کی نیت اور خلوص پر شبہ نہیں کرتا مگر دبی زبان میں نہایت مودبانہ یہ عرض کروں گا کہ حضور والا! اپنے نفس میں جھانک کر یہ ضرور معلوم کریں کہ میری بابت محمد خان کو جو حکم دیا گیا ہے وہ مبنی بر انصاف ہے یا نہیں؟"

سلطان کی پیشانی پر شکنیں ابھر آئیں۔ "مبنی بر انصاف!" "میں تیرا مطلب سمجھا نہیں۔"

شیر خان نے جواب دیا۔ "سلطان معظم! جس طرح ایک ملک میں دو بادشاہ اور ایک نیام میں دو تلواریں نہیں رہ سکتیں، اسی طرح ایک جاگیر کے دو حاکم نہیں ہو سکتے۔ افسوس کہ میں اپنے سوتیلے بھائیوں کو اپنی حکومت میں شریک نہیں کر سکتا۔ ہاں یہ میرا وعدہ ہے کہ انہیں روزینہ یا سالانہ برابر ملتا رہے گا۔"

سلطان سوچ میں پڑ گیا، کہا۔ "یہ تو تو ٹھیک ہی کہہ رہا ہے کہ جس طرح ایک ملک میں دو بادشاہ اور ایک نیام میں دو تلواریں نہیں رہ سکتیں، ایک جاگیر میں دو حاکم کس طرح رہ سکتے ہیں۔۔۔"

شیر خان کے چہرے پر طمانیت، سکون اور خود اعتمادی کی چمک پیدا ہو گئی۔

سلطان نے کہا۔ "محمد خاں سور جونپور چلا گیا ورنہ میں اس کو منع کر دیتا کہ وہ مجھے تنگ نہ کرے، بہرحال میں نے تجھ کو اپنے بیٹے جلال کا اتالیق مقرر کر دیا۔"

شیر خان نے عرض کیا۔ "سلطان معظم! میں چند دنوں کے لئے سہسرام جانا چاہتا ہوں۔"

"کیوں؟ آخر کیوں؟"

شیر خان نے جواب دیا۔ "کیوں کہ مجھے اندیشہ ہے کہ محمد خان سور کچھ گڑبڑ ضرور کریگا۔"

سلطان نے جواب دیا۔" اگر وہ گڑ بڑ کرے گا تو میں اسے روک دوں گا، تو مت پریشان ہو۔"

شیر خان نے اصرار کیا۔" حضور والا! اب میرا سہسرام جانا بہت ضروری ہو گیا ہے، خدا کے لئے مجھے نہ روکئے چلا جانے دیجئے۔"

سلطان نے کچھ سوچتے ہوئے پوچھا۔" واپسی کب ہوگی؟"

شیر خان نے جواب دیا۔" کم از کم دو ماہ بعد۔"

سلطان نے کہا۔" تو جا سکتا ہے لیکن دو ماہ بعد تیری واپسی اس دربار میں حاضری ضروری ہے۔"

شیر خان نے وعدہ کر لیا اور ــــ سلطان نے اسے اجازت دے دی۔

شیر خان دوسرے دن علی الصبح اپنے بھائی نظام کے ساتھ سہسرام روانہ ہوگیا۔

شیر خان سہسرام پہنچا تو پتہ چلا کہ اس کے دونوں سوتیلے بھائی سلیمان اور احمد جونپور کے حاکم محمد خان کے پاس گئے ہوئے ہیں۔ شیر خان سہسرام میں گھوم پھر کر اس بات کا اندازہ لگاتا رہا کہ اس کی عدم موجودگی میں دونوں سوتیلے بھائیوں نے اس کے خلاف کیا کام کیا ہے سہسرام کا ہر شخص شیر خاں کا مداح تھا۔ اسی دوران جونپور کے حاکم محمد خان نے شادی نامی ایک نوجوان کو شیر خان کے پاس بھیجا۔ یہ خوبصورت نوجوان شیر خان کے قصر کے سامنے اپنے گھوڑے سے اترا اور اس ماحول کی ہر چیز کو غور سے دیکھنے لگا۔ اس نے شیر خان کے قصر کو خوب گھوم پھر کر دیکھا۔ قصر کے دربانوں نے شادی کو پکڑ لیا اور اس کا اتا پتا پوچھنے لگے۔

شادی نے جواب دیا۔" لوگو! میں جونپور کے حاکم محمد خان کا فرستادہ ہوں مجھے اپنے آقا شیر خان کے پاس لے چلو میں اس کے نام ایک خاص پیغام لے کر آیا ہوں۔"

دربانوں نے شیر خان کو مطلع کیا کہ شادی نامی ایک خوبصورت نوجوان حاکم جونپور کا کوئی پیغام لے کر آیا ہے اور باریابی کا طلبگار ہے۔ اس کو چند دن روکے رکھا جائے یا ایک دو دن کا وقت دے دیا جائے۔ شیر خان نے حکم دیا۔" شادی کو نہتا کر کے فوراً میرے پاس بھیج دیا جائے۔"

شیر خان کے آدمیوں نے شادی کو نہتا کر دیا۔ حالانکہ وہ اس پر تیار نہ تھا۔ دو مضبوط اور توانا آدمیوں نے نہتے شادی کو دونوں شانوں سے پکڑ کر شیر خان کے سامنے پیش کر دیا۔ شیر خان جس کمرے میں بیٹھا تھا اس کی دیواروں پر مختلف قسم کے ہتھیار لٹکے ہوئے تھے اور شیر خان کی چوکی پر شیر کی کھال بچھی ہوئی تھی۔ اس کا خود چوکی پر

ایک طرف رکھا ہوا تھا اور عریاں تلوار اور پیش قبض خود کے پاس رکھے ہوئے تھے۔
آنے والوں کے قدموں کی آہٹیں سن کر شیر خان نے ان کی طرف دیکھا اور سنبھل کر بیٹھ گیا۔
شادی نے دربانوں کی شکایت کی۔" شیر خان! میں جونپور کے حاکم محمد خان کا خاص آدمی ہوں تیرے آدمیوں نے میری بے عزتی کی ہے انہیں ....."
شیر خان نے بات کاٹ دی۔" محمد خان کا کوئی خط؟ لا، میرے حوالے کر۔"
شیر خان کی آواز اور لہجے میں کوئی بات تھی جس نے شادی کو مرعوب کر دیا۔ اس نے خریطے میں سے ایک خط نکال کر شیر خان کے حوالے کر دیا۔ شیر خان نے خط پڑھا۔ اس میں لکھا تھا۔
"شیر خان تیرے بھائی احمد اور سلیمان ایک مدت سے میرے مہمان ہیں۔ یہ دونوں اپنے حصے اور ورثے سے محروم ہیں۔ اس سلسلے میں ہم سب کے ولی نعمت سلطان محمد نے مجھے یہ حکم دیا تھا کہ میں ثالث بن کر سلیمان اور احمد کو ان کا پورا حق دلوا دوں۔ چنانچہ تم جب کہو میں دونوں بھائیوں کو تمہارے پاس بھیج دوں تاکہ وہ تم سے اپنا حق اور حصہ وصول کریں۔"
شیر خان نے خط پڑھ کر شادی سے پوچھا۔" تو محمد خان کے پاس کیا کرتا ہے؟"
شادی نے جواب دیا۔" میں اپنے ولی نعمت محمد خان کے دشمنوں سے ملاقاتیں کرنے کے لئے ملازم رکھا گیا ہوں۔ میری پہلی ملاقات تو اس نوع کی ہوتی ہے جس طرح تم سے ہو رہی ہے اور اگر میں ملاقات سے مایوس ہو جاتا ہوں تو دوسری ملاقات میدان جنگ میں کرتا ہوں۔"
شیر خان نے جواب دیا۔" تو اب جا سکتا ہے انشاء اللہ دوسری ملاقات کے لئے میدانِ جنگ میں ضرور پہنچوں گا۔"
شادی نے پوچھا۔" اور خط کا جواب۔"
شیر خان نے جواب دیا۔" میرا جواب یہ ہے کہ حکومت اور سلطنت ناقابلِ تقسیم ہوتی ہے۔ یہ اس کو دی جاتی ہے جو اس کا اہل ہوتا ہے۔ مجھے اپنی حکومت میں کسی دوسرے کی شمولیت اور حصے داری کسی قیمت پر بھی گوارا نہیں۔ بادشاہ مروجہ اصولوں اور روایتوں کے خلاف کچھ بھی نہیں کر سکتا۔ انشاء اللہ ہم دونوں میدانِ جنگ میں اس طرح ملیں گے کہ حق ہماری طرف ہو گا اور ناحق دوسری طرف۔"
شادی نے شیر خان کے کمرے کا جائزہ لیا۔ پھر پوچھا۔" شیر خان یہ ہتھیار دیواروں ہی پر سجے رہتے ہیں یا انسانی جسموں پر بھی سجتے ہیں؟"
شیر خان نے جواب دیا۔" یہ ہتھیار کبھی میرے دشمنوں کے جسموں پر سجے رہتے

تھے لیکن جب میں نے انہیں زیر کر لیا تو ان کے جسموں پر سے اتار کر دیواروں پر سجا دیا۔" پھر دیوار کے خالی حصے کی طرف اشارہ کرتے ہوئے کہا۔" اس خالی حصے کے لئے مجھے تمہارے ہتھیار درکار ہیں۔ امید ہے تم لوگ مایوس نہیں کرو گے۔"

شادی نے پاؤں پٹخا، بولا۔"شیر خان! میری بے عزتی نہ کرو، تم کیا تم...."

شیر خان نے اپنے آدمیوں کو اشارہ کیا۔"اسے یہاں سے لے جاؤ۔"

دونوں آدمی شادی کو ——— پکڑ کر گھسیٹتے ہوئے باہر لے گئے۔

شیر خان اپنی ڈاڑھی میں انگلیاں چلاتا اور سوچتا رہا۔ پھر اٹھا اور قلم دوات اور کاغذ اٹھا لایا۔ اور کاغذ پر موٹا موٹا لکھا۔

لا تقنطوا من رحمۃ اللہ (اللہ کی رحمت سے مایوس نہ ہو)

اس کاغذ کو دیوار کے ایک حصے پر چسپاں کر دیا، جو ہر وقت اس کی نظروں کے سامنے رہتا تھا۔

اس کے بعد اس نے اپنے بھائی نظام کو طلب کیا اور اسے حکم دیا۔" نظام! تو فوراً الہ آباد چلا جا، وہاں تو کڑہ اور مانکپور کے مغل حاکم جنید برلاس سے ملاقات کر اور اسے ہماری وفاداری اور دوستی کا یقین دلا۔ کیونکہ یہاں سہسرام میں بڑے خطرات ہیں اگر میں یہاں ناکام رہا تو پھر جنید برلاس ہی کے پاس پناہ لوں گا۔"

نظام نے کہا۔" بھائی شیر خان! اگر جنید برلاس نے ہماری دوستی کو شک و شبہے کی نظر سے دیکھا تو پھر؟ تب پھر؟"

شیر خان نے جواب دیا۔" اب وقت ضائع نہ کر، فوراً جنید برلاس کو دوست بنانے کی کوشش کر، بقیہ کام میں خود کر لوں گا۔"

نظام چلا گیا اور شیر خان متوقع حملے کے بچاؤ اور احتیاطی تدابیر پر غور کرنے لگا۔

O

حاکم جونپور محمد خان، شادی کی زبان سے شیر خان کا جواب سن کر چراغ پا ہو گیا اس نے شادی کو حکم دیا۔" فوج کی تیاری کا حکم دے اور پھر فوج کے ساتھ سلیمان اور احمد کو لے کر شیر خان کے علاقوں میں گھس جا۔ وہاں کی اینٹ سے اینٹ بجا دے اور شیر خان اور اس کے آدمیوں کو بے دخل کر کے سلیمان اور احمد کو وہاں کا حاکم بنا دے۔"

شادی اپنے آقا کے حکم پر فوج لے کر سہسرام کے لئے روانہ ہو گیا لیکن سہسرام سے پہلے اس کو ٹانڈو اور خواص پور کے شقہ داروں سے مقابلہ کرنا تھا اور شقہ دار کو شیر

خان کی ہدایت پہلے ہی موصول ہو چکی تھی۔ شیر خان نے اس کو صاف صاف لکھ دیا تھا کہ اگر محمد خان کی فوج اس کے علاقے میں گھسنے کی کوشش کرے تو اسے روک دیا جائے اور اسے کھل کر محمد خان کے علاقے میں داخل ہونے کی کوشش کی جائے کیوں کہ بہترین اور مفید ترین جنگ وہی ہوتی ہے جو دشمن کی زمین پر لڑی جائے۔

ٹانڈو کا شقہ دار فوج لے کر ٹانڈو کے باہر نکلا اور شادی کا راستہ روک لیا۔

شادی نے شیر خانی شقہ دار کو سمجھایا۔ "دیکھ میرا تیرا کوئی جھگڑا نہیں ہے میں سہسرام شیر خاں کے پاس جا رہا ہوں۔ میرا راستہ نہ روک!"

شقہ دار نے جواب دیا۔ "تیرا راستہ میں نہیں روکوں گا تو کون روکے گا! جب تجھے سہسرام جانے دوں گا تب تو تو جائے گا میں تجھے جانے ہی کیوں دوں گا!"

شادی کے ساتھ ایک اور نوجوان بھی تھا۔ اس نوجوان کو محمد خان نے بطورِ خاص شادی کے ساتھ کر دیا تھا کیوں کہ اس نے محمد خاں کو یقین دلایا تھا کہ وہ شیر خان کو اپنی خوش گفتاری سے اس پر آمادہ کرے گا کہ وہ اپنے سوتیلے بھائی سلیمان اور احمد کو اپنی حکومت میں شریک کر لے۔ اس نوجوان کا بس یہی ایک تعارف تھا کہ وہ کسی پٹھان قبیلے سے تعلق رکھتا تھا۔ اور لودھیوں کی شکست نے اسے بہت آزردہ اور غمگین کر دیا تھا۔ وہ کسی حال میں بھی یہ نہیں چاہتا تھا کہ پٹھان آپس میں ہی خون خرابہ کرتے رہیں اس نے ہاتھ کے اشارے سے شادی سے پیچھے جانے کی درخواست کی اور خود شیر خانی شقہ دار کے روبرو کھڑا ہوا۔ اور اس سے پوچھا "برادرِ عزیز! ہم لوگ جنگ نہیں چاہتے۔ ہمیں شیر خان کے پاس چلا جانے دو۔ ہم اپنے معاملات اس سے طے کر کے واپس چلے جائیں گے۔ ہم خون خرابہ نہیں چاہتے۔"

شقہ دار نے جواب دیا۔ "اگر تمہیں شیر خان سے بات کرنا تھی تو اس فوج کو اپنے ساتھ نہیں لانا تھا، اس فوج کو واپس بھیج دو، میں تمہیں شیر خان کے پاس چلا جانے دوں گا۔"

شادی نے اپنا گھوڑا آگے بڑھایا اور آڑی تلوار سے اپنے ساتھی کو پیچھے ہٹایا۔ "حمید! یہ باتوں کا وقت نہیں ہے، کام کا وقت ہے۔"

حمید نے شادی کو روکنے کی کوشش کی مگر نہیں روک سکا۔ شیر خانی شقہ دار نے اپنے گھوڑے کا رخ موڑا اور اپنی معمولی سی فوج میں واپس چلا گیا۔ شادی نے اپنی فوج کی طرف مڑ کر دیکھا اور گھوڑے پر آگے کی طرف جھککر تلوار کو ہوا میں لہرا کر سپاہیوں کو حملے کا اشارہ کیا۔ شادی کی فوج ہزاروں میں اور شیر خانی سپاہ سینکڑوں میں تھی۔ دونوں فوجیں ایک دوسرے میں گتھ گئیں۔

حمید کو بڑا دکھ تھا، اس نے اس جنگ میں حصہ نہیں لیا وہ محاذِ جنگ سے ہٹ کر جامن کے ایک درخت کے نیچے کھڑے ہو کر جنگ کا نظارہ کرنے لگا لیکن اس کے چہرے کے تاثرات بتاتے تھے کہ وہ اس لڑائی سے افسردہ ہوگیا ہے۔

شادی خان نے اپنے ماہر تیراندازوں کو حکم دیا دیا۔"اگر تم شیر خانی شفقہ دار کو مار کر گرا دو تو یہ جنگ ابھی ختم ہو جائے گی۔"

تیراندازوں نے خود کو آہستہ آہستہ فوج سے الگ کیا اور نصف دائرہ بناتے ہوئے شیر خانی شفقہ دار کی طرف بڑھے پھر جب انہیں اس بات کا یقین ہوگیا کہ اب ان کے تیروں کی بوچھار شفقہ دار کو بچنے ہی نہیں دے گی تو انہوں نے ایک ساتھ تیر چھوڑے، ان کا منصوبہ کامیاب ہوا اور تیروں نے شفقہ دار کو اس کے کئی سپاہیوں سمیت زخمی کر کے خاک و خون میں لٹا دیا۔ وہ گھوڑوں سے نیچے گر گئے اور انہی کے گھوڑوں نے انہیں روند کر راہِ فرار اختیار کی۔ سپاہیوں نے اپنے سردار کو زمین پر گرتے دیکھا تو ان کے پاؤں اکھڑ گئے اور جس کا جدھر منہ اٹھا، بھاگ کھڑا ہوا۔

شادی خان فاتحانہ آبادی میں داخل ہوا اور اپنے مخالفوں کو دہشت زدہ کرنے کیلئے آتش زنی اور لوٹ مار کا حکم دے دیا۔ مکانوں کو لوٹا جانے لگا اور لوٹ مار کے بعد انہیں آگ لگا دی گئی۔ مکینوں نے گھروں کو خالی کر دیا اور اِدھر اُدھر پناہ کی تلاش میں بھاگنا شروع کر دیا۔ حمید نے اس لوٹ مار اور آتش زنی میں کوئی حصہ نہیں لیا، جہاں کھڑا تھا وہیں کھڑا رہا۔ ایک خاندان بھاگتا ہوا بدحواس اس کے پاس سے گزرا۔ حمید کو ان پر رحم آ گیا اور وہ ان کا راستہ روک کر کھڑا ہوگیا۔ بولا۔"رک جاؤ۔ ورنہ قتل کر دیئے جاؤ گے۔"

یہ لوگ سہم کر رک گئے، یہ کل پانچ افراد تھے۔ ایک بوڑھی عورت، ایک اس کا شوہر پچاس پچپن سال کا، ایک نوجوان بمشکل پچیس سال کا رہا ہوگا۔ ایک اس کی بہن بمشکل اٹھارہ انیس سال کی، ایک چھوٹی بہن چار سال کی رہی ہوگی۔

پانچ نفری خاندان کا بزرگ حمید کی طرف بڑھا اور انتہائی لجاجت سے پوچھا۔"بہادر جوان! ہماری خطا! ہم نے آپ کا کیا بگاڑا ہے؟"

حمید نے جواب دیا۔"تمہاری خطا یہ ہے کہ تم مفتوح ہو۔"

وہ لوگ تھر تھر کانپنے لگے۔ حمید نے انہیں تسلّی دی۔"لیکن تم لوگ ڈرو مت اور یہیں میرے پاس کھڑے رہو۔"

کافی دیر بعد جب لوٹ مار کا سلسلہ موقوف ہوا، حمید ان سب کو لے کر شادی کے

پاس پہنچا۔ شادی نے انہیں دیکھ کر نظروں ہی نظروں میں پوچھا۔"یہ کون ہیں؟"

حمید نے جواب دیا۔"میں خود نہیں جانتا کہ یہ کون لوگ ہیں، مگر یہ جانتا ہوں کہ یہ اسی مفتوح بستی سے تعلق رکھتے ہیں اور یہ سب تمہارے آدمیوں سے جان بچا کر بھاگے جا رہے تھے میں نے انہیں روک لیا۔"

شادی مسکرایا۔"مگر کیوں روک لیا؟"

حمید نے کہا۔"پتہ نہیں کیوں روک لیا۔ میں نے انہیں پناہ دی ہے اور انہیں ان کے گھر میں دوبارہ بسانا چاہتا ہوں۔"

شادی نے لڑکی کو بغور دیکھا تو دنگ رہ گیا، یہ حسین ترین لڑکی تھی اس نے اپنے چہرے کو گھونگھٹ میں چھپا رکھا تھا مگر شادی نے اس کی ایک جھلک اچھی طرح دیکھ لی تھی بولا۔"سمجھا۔ میں سمجھ گیا کہ تو نے انہیں کیوں پناہ دی ہے۔"

حمید نے گویا شادی کی بات سنی ہی نہیں، اس نے کہا۔"تم لوگ میرے ساتھ آؤ اور بتاؤ کہ اس بستی میں تمہارا کون سا گھر ہے۔"

یہ لوگ اب بھی خوفزدہ تھے۔ حمید آٹھ دس سپاہیوں کی نگرانی میں انہیں گھر لے گیا۔ یہ بستی کے باہر کھیتوں کے سامنے ایک مکان تھا۔ نسبتاً ایک دوسرے گھروں سے بہتر مکان کی چھتیں کھپریلوں کی تھیں۔ دروازے پر نیم کے درخت کا سایہ تھا۔

اس مقفل مکان کو کسی نے ہاتھ تک نہ لگایا تھا۔ کنجی کہیں گر گئی تھی، دونوں میاں بیوی ایک دوسرے پر جھگڑا ہونے کا الزام بھی لگاتے رہے اور کنجی بھی تلاش کرتے رہے۔ جب کنجی نہیں ملی تو حمید سے استدعا کی تالا توڑا جائے۔

حمید نے تالا توڑ کر انہیں اندر پہنچا دیا اور سپاہیوں سے کہا۔"تم لوگ اس گھر پر پہرہ دو۔ ہم نے انھیں پناہ دی ہے۔"

جب حمید واپس جانے لگا تو بڑے میاں نے حمید کو آواز دی۔"بیٹے میری ایک بات تو سننا۔"

حمید نے پلٹ کر پوچھا۔"کون سی بات۔"

بڑے میاں نے لڑکی کے کان میں کچھ کہا۔ لڑکی نے حمید سے کہا۔"آپ ہمارے محسن ہیں۔ میں آپ کو یوں نہیں جانے دوں گی۔"

لڑکی کی آواز میں ترنم تھا۔ کھنک تھی، حمید کو اپنے دل کی نیا ہچکولے کھاتی محسوس ہوئی جواب دیا۔"میں نے آپ پر کوئی احسان نہیں کیا میں دوبارہ آؤں گا آپ کے پاس۔"

لڑکی نے حسرت سے کہا۔"کیا ایک کٹورہ پانی بھی نہیں پئیں گے۔اس گھر کا؟"

حمید نے لڑکی کو دیکھنا چاہا مگر نہیں دیکھ سکا۔ دوپٹے میں چھپا ہوا چہرہ صاف نظر نہیں آ رہا تھا۔

حمید نے لڑکی کے ہاتھ سے پانی سے لبریز کٹورا لیا اور ایک ہی سانس میں سارا پانی پی گیا خالی کٹورہ واپس کرتے ہوئے کہا۔" اب تو میں نے آپ کی شکایت رفع کر دی۔

اب تو میں جا سکتا ہوں؟"

لڑکی کے باپ نے پوچھا۔"اب تو اس گھر کا کوئی نقصان نہیں پہنچے گا؟"

حمید نے جواب دیا۔"نہیں، آپ لوگ مطمئن رہیں۔"

لڑکی کی ماں نے پوچھا۔" اب کب آؤ گے؟"

حمید نے جواب دیا۔" شاید پانچ سات دن نہ آسکوں ابھی، لیکن یہ میرا وعدہ ہے میں آؤں گا ضرور۔"

لڑکی کی ماں نے کہا۔" ہم لوگ تمہارا انتظار کریں گے، افسوس کہ ہمیں تو یہ بھی نہیں معلوم کہ تم کس خاندان سے تعلق رکھتے ہو! کیا ہو، کون ہو؟"

حمید نے جواب دیا۔" میرا نام حمید ہے، میں کون ہوں، کیا ہوں، یہ سب بتانے کا ابھی موقع نہیں پھر کبھی بتا دوں گا۔"

باپ نے پوچھا۔" تب پھر تم ضرور آؤ گے!"

حمید نے جواب دیا۔" ضرور آؤں گا میں جو وعدہ کر رہا ہوں۔"

جب حمید واپس جا رہا تھا تو پورا گھرا سے جاتے ہوئے دیکھ رہا تھا ان میں بڑی لڑکی سب سے پیچھے تھی۔ اس کا جی تو چاہ رہا تھا کہ حمید کو جاتے ہوئے دیکھے مگر شرم نے اسے روک رکھا تھا: پھر اس نے اپنی ماں کی بغل میں منہ ڈال کر حمید کو واپس جاتے ہوئے دیکھنے کی کوشش کی۔

○

شیر خان سہسرام میں اپنے شقہ دار کی شکست کی خبر سن کر مایوس ہو گیا، اسے معلوم تھا کہ شادی اپنی فتح مند فوج کے ساتھ سہسرام آ دھمکے گا اور اس میں فی الحال مقابلے کی سکت نہیں تھی۔ وہ سہسرام سے بھاگنے کی سوچ رہا تھا لیکن سوال یہ تھا کہ وہ بھاگ کر جائے گا کہاں۔ اس کے آدمی شادی اور اس کی فوج کی متوقع گزرگاہوں میں پھیلے ہوئے تھے تاکہ وہ جیسے ہی نمودار ہو، شیر خان وہاں سے فرار ہو جائے جب حمید اپنے گھوڑے پر گرد و غبار اڑاتا ہوا سہسرام کے در پر نمودار ہوا تو شیر خان کے آدمیوں نے

اس کا راستہ روک لیا اور پوچھا۔" تو کون ہے کہاں سے آیا ہے۔"

حمید نے جواب دیا۔" میں شیر خان سے ملنا چاہتا ہوں۔"

شیر خاں کے آدمیوں نے حمید کو شیر خان کے روبرو پہنچا دیا۔ شیر خان نے اسے پہچاننے کی کوشش کی مگر نہیں پہچان سکا۔

حمید بھی شیر خان کو بڑے غور سے دیکھتا رہا، بولا۔" تو تم ہو شیر خان!"

شیر خان نے کہا۔" مگر میں نے تم کو نہیں پہچانا۔ تو میرے پاس کیوں اور کس کا بھیجا ہوا آیا ہے؟"

حمید نے صاف صاف بتا دیا۔" شیر خان! تم بدظن نہ ہو جانا۔ میں حاکمِ جونپور محمد خان کا آدمی ہوں اور شادی نے ٹانڈہ، خواص پور کو میرے سامنے ہی فتح کیا ہے۔"

شیر خان نے زہر خند کیا، بولا۔" تو شاید مجھ سے یہ کہنے آیا ہے کہ میں سہسرام کو لڑے بھڑے بغیر ہی شادی کے حوالے کر دوں۔"

حمید نے جواب دیا۔" نہیں، میں یہ کہنے نہیں آیا۔ میں تم سے ملنا چاہتا تھا، میں نے تمہارا بڑا ذکر سن رکھا ہے۔"

شیر خان نے بے رخی سے کہا۔" تیرا نام کیا ہے؟"

حمید نے جواب دیا۔" حمید لودھی۔ میں لودھی خاندان سے تعلق رکھتا ہوں، لودھیوں کا آخری فرماں روا ابراہیم لودھی میرا رشتے میں چچا لگتا تھا۔ آہ! لودھیوں کو مغلوں نے خاک میں ملا دیا۔"

شیر خان نے بدستور بے رخی برقرار رکھی، بولا۔" اگر تو لودھی خاندان سے تعلق رکھتا ہے تو اس وقت میرے پاس کیوں آیا ہے؟"

حمید نے جواب دیا۔" صرف یہ کہنے کہ آپس کی جنگ و جدال بند کر دو۔ مغلوں کا دائرہ تنگ ہوتا جا رہا ہے۔ اگر اس ملک میں پٹھانوں کو زندہ اور عزت سے زندہ رہنا ہے تو آپس کے اختلافات ختم کر دیں اور شیر و شکر بن کر رہنا سیکھیں۔"

شیر خان نے کہا۔" لڑائی کا آغاز میں نے نہیں جونپور کے حاکم محمد خان اور شادی نے کیا ہے۔"

حمید نے کہا۔" اگر تم دونوں بھائیوں کو ان کا حق دے دیتے تو اس فوج کشی کی نوبت ہی نہ آتی۔"

شیر خان اپنے موقف پر ڈٹا رہا، بولا۔" سلیمان اور احمد نا اہل ہیں۔ میں ان نا اہلوں کے ہاتھوں

اپنی جاگیر برباد نہیں ہونے دوں گا۔"

حمید نے پوچھا۔" اگر تمہاری جاگیر چھین کر تمہارے بھائیوں میں تقسیم کر دی گئی تو ۔۔؟"

شیر خان نے جواب دیا۔" اگر ایسا ہوا تو یہ میرے ساتھ بڑی بے انصافی ہوگی اور میں اس ناانصافی کو انصاف میں بدل دینے کی کوشش کرتا رہوں گا۔"

حمید نے پوچھا۔" اب تم کیا کرو گے۔"

شیر خان نے جواب دیا۔" میں تجھے کیوں بتاؤں؟ تو میرے مخالفوں کا آدمی ہے۔ میں اپنے ارادوں سے تجھے کیوں مطلع کروں۔"

حمید نے کہا" شیر خان! میں تمہارا مخلص دوست ہوں، میں تمہاری خداداد صلاحیتوں کا دل سے معترف ہوں، میں چاہتا ہوں کہ تم غیر معمولی انسان بن کر ابھرو۔ میں تمہیں یہ سمجھانے آیا ہوں کہ اگر بات صلح اور نرمی سے بن جائے تو خون خرابہ نہ کرو اور کچھ کر کے دکھاؤ، میں لودھیوں کے بعد سوریوں میں ہندستان کی حکومت منتقل ہوتے دیکھ رہا ہوں۔"

شیر خان نے استہزائیہ انداز میں کہا۔" شاید تو میرا مذاق اڑا رہا ہے۔ سردست میں سہسرام تک کو نہیں بچا سکتا اور تو پورے ملک کی بادشاہت کی باتیں کر رہا ہے۔"

حمید نے کہا" شاید میں اس پہلی ملاقات میں اپنے دل کی باتیں سمجھا نہیں پا رہا ہوں لیکن دو چار دن میں اپنے دل کی باتیں تمہیں بخوبی بتا سکوں گا۔"

شیر خان نے جواب دیا۔" کل تک تو میرا مہمان ہے اس کے بعد واپس جا کر شادی وغیرہ کو بتا دے کہ وہ مجھ سے لڑ بھڑ کر جاگیر تو چھین سکتا ہے لیکن میرے ارادے میرے عزائم نہیں بدل سکتا۔"

حمید نے ایک بار پھر سمجھانے کی کوشش کی۔" شیر خان! میں تمہارے ساتھ رہنا چاہتا ہوں۔ میں لودھی ہوں لیکن میں یہ نہیں چاہتا ہوں کہ حکومت دوبارہ لودھیوں کو مل جائے۔ دراصل میں اس پٹھان کی تلاش میں ہوں جو ہم سب کی عزت آبرو ہوگا۔ اور مجھے یہ کہنے میں کوئی تامل نہیں کہ وہ تمہارے سوا کوئی اور نہیں ہو سکتا۔"

شیر خان مسکرایا۔" اگر تو میرا مخلص ہے تو مجھے مشورہ دے کہ میں کہاں بھاگ جاؤں؟"

حمید نے کہا۔" کیا بھاگنا اتنا ضروری ہے؟" کیا صلح نہیں ہو سکتی؟"

شیر خان نے جواب دیا۔" میں بھاگوں گا نہیں، باعزت پسپائی اختیار کروں گا۔ میں تجھ سے

بھی مشورہ چاہتا ہوں کہ میں کہاں جاؤں؟"

حمید نے جواب دیا۔"بہار کے سلطان بہار محمد کے پاس چلے جاؤ۔ وہ تو تمہاری بڑی قدر کرتا ہے۔"

شیر خان نے جواب دیا۔"نہیں! میں وہاں نہیں جاؤں گا کیونکہ بہار کا حکمران جونپور کے حاکم محمد خان کا گہرا دوست ہے۔ وہ میری وجہ سے اپنے دوست کو ناراض نہیں کریگا۔"

حمید نے کہا"پھر جو کچھ تمہارے جی میں آئے کرو۔ میں تمہارا ساتھ دوں گا۔"

شیر خان نے اپنے مہمان کو جس کمرے میں ٹھہرایا تھا، اس کی سخت نگرانی کا حکم دے دیا۔

وہ عشاء کے بعد تلاوتِ قرآن پاک میں مشغول ہو گیا۔ اس کی آنکھوں میں آنسو تھے۔ گڑگڑا کر بولا۔"یا الہ العالمین! میری رہنمائی فرما۔ میں کہاں جاؤں، کیا کروں؟"

کافی دیر بعد اس کے تصور میں بابر مغل فاتح کی شبیہ ابھری، اس کے بعد کڑہ مانک پور کے مغل حاکم جنید برلاس کا خیال آ گیا۔ یہاں وہ اپنے چھوٹے بھائی نظام کو پہلے ہی روانہ کر چکا تھا۔ صبح ہوتے ہوتے شیر خان جنید برلاس کے پاس جانے پر آمادہ ہو چکا تھا۔

شیر خان نے حمید کو بتلایا۔"مجھے جہاں جانا ہے، ذرا دیر بعد چلا جاؤں گا، تو بھی جہاں جانا چاہے، چلا جا۔"

حمید نے جواب دیا۔"شیر خان! میں تمہارے ساتھ چلوں گا۔ کیوں کہ میں نے اپنی قسمت کو تمہاری قسمت سے وابستہ کر دیا ہے۔"

شیر خان نے کہا۔"لیکن میں تجھے نہیں لے جاؤں گا۔"

حمید نے بڑے کرب سے کہا۔"شیر خان! مجھ پر اعتبار کرو، میں تمہیں کس طرح یقین دلاؤں کہ میں تمہارا بہی خواہ، ہمدرد اور دوست ہوں۔"

شیر خان نے جواب دیا۔"یقین دلانے کی کوئی ضرورت نہیں۔ جب یقین آ جائے گا میں تجھے دوست بنا لوں گا۔"

حمید اداس ہو گیا، بولا۔"شیر خان! کیا تم انسانوں کو سمجھنے کی صلاحیت نہیں رکھتے؟ کیا میں نے تمہیں سمجھنے میں غلطی کی ہے؟ میں نے پورے ہندوستان میں تم کو ہی اس لائق سمجھا تھا کہ اپنا ساتھی، اپنا مثالی تصور بناؤں لیکن تم ہی مجھے اپنے پاس سے بھگا رہے ہو۔ سمجھ میں نہیں آتا کہ اپنی قسمت پر ماتم کروں یا تمہاری قسمت پر۔"

شیر خان نے جواب دیا۔" افسوس حمید خان! میرے پاس زیادہ وقت نہیں ہے، اللہ نے چاہا، پھر کبھی ملاقات ہوگی۔"

شیر خان نے اپنے ساتھیوں کو بتا دیا کہ وہ جنید برلاس کے پاس جا رہا ہے جسے ساتھ چلنا ہو، چلے۔

شام ہوتے ہوتے شیر خان اپنے ساتھیوں کو لے کر مانک پور کی طرف روانہ ہوگیا۔

حمید کچھ دیر کھڑا شیر خان اور اس کے ساتھیوں کو جاتے ہوئے دیکھتا رہا اس کے بعد وہ خود بھی گھوڑے پر بیٹھ کر ٹانڈہ روانہ ہوگیا۔

ٹانڈہ میں داخل ہونے کے بعد وہ سیدھا اس گھرانے میں پہنچا، جن سے دوبارہ آنے کا وعدہ کیا تھا۔

جب وہ دروازے پر پہنچا تو لڑکا گھر سے نکل کر کہیں جانے والا تھا، وہ حمید کو دیکھتے ہی اندر واپس چلا گیا۔ اور پھر دیکھتے ہی دیکھتے دروازے کے دونوں پٹ اس کے لئے کھل گئے۔

بڑے میاں مسکراتے ہوئے نمودار ہوئے، بولے۔" ہمیں یقین تھا کہ تم ضرور آؤگے کیوں کہ تم ایک سچے انسان ہو۔"

حمید شیر خان کا اعتماد حاصل نہیں کر سکا تھا اس لئے اداس تھا بولا۔" شاید میں بہت جلد آگیا ہوں، اگر میں اس کے ساتھ چلا گیا ہوتا تو اتنی جلدی نہ آتا۔"

بڑے میاں نے چونک کر پوچھا۔" کس کے ساتھ؟ یعنی کس کے ساتھ؟"

حمید نے جواب دیا۔" میں اپنے ایک دوست کی بات کر رہا ہوں میں اس کے ساتھ جانا چاہتا تھا مگر وہ مجھے اپنے ساتھ نہیں لے گیا۔"

بڑے میاں نے پوچھا۔" کیوں؟ وہ اپنے ساتھ کیوں نہیں لے گیا؟"

اتنی دیر میں گھر کے سارے افراد دروازے پر آچکے تھے۔ بڑی بی نے کہا۔" یہ کیا راستہ روک کر کھڑے ہوگئے، اندر بلالو۔۔ دروازے پر باتیں کرتے رہنا کہاں کی شرافت ہے۔"

حمید کو اندر بلالیا گیا۔ کنبے والوں نے حمید کو چاروں طرف سے گھیر لیا۔ بڑی بی کا رواں رواں خوش تھا، بولیں۔" مجھے یقین تھا کہ تم ضرور آؤگے۔"

حمید نے جواب دیا۔" میں نے وعدہ جو کر لیا تھا۔"

بڑے میاں نے کہا۔" اب باتیں ہی کرتی رہوگی یا کچھ کھانے پینے کو بھی دوگی۔"

بڑی بی فوراً چلی گئیں۔ بڑے میاں نے اپنے سوا سب کو چلتا کر دیا۔ انھوں نے اِدھر ادھر دیکھ کر پوچھا۔ "تمہارا خاندان کہاں ہے؟"

حمید نے جواب دیا۔ "میرا کوئی خاندان نہیں۔"

بڑے میاں نے حیرت سے پوچھا۔ "کوئی خاندان نہیں! کیا مطلب؟"

حمید نے جواب دیا۔ "ہاں میرا کوئی خاندان نہیں۔"

بڑے میاں سوالیہ نظروں سے حمید کو دیکھنے لگے، بولے۔ "بات کچھ سمجھ میں نہیں آئی۔"

حمید نے جواب دیا۔ "میں دہلی کا رہنے والا ہوں۔ مغل فاتح بابر نے دہلی کو فتح کیا تو اس میں میرے خاندان کا صفایا ہو گیا۔ اب میں تنہا زندگی سے بیزار اِدھر اُدھر بھاگا پھر رہا ہوں۔"

بڑے میاں نے ایک سرد آہ بھری۔ "تب پھر ہم دونوں ہی یکساں مصیبتوں کے شکار ہیں۔ میرا خاندان بھی ایک ایسی ہی مصیبت سے گزر چکا ہے، خوب!" پھر پوچھا۔ "مگر یہ تم چلے کہاں گئے تھے؟"

حمید نے جواب دیا۔ "اب کیا بتاؤں کہ کہاں چلا گیا تھا۔ میں نے جونپور کے حاکم محمد خان کے دامن دولت سے خود کو وابستہ کر لیا ہے۔ جب مجھے یہ معلوم ہوا کہ محمد خان اور شیر خان آپس میں برسر پیکار ہونے والے ہیں تو میں بے چین ہو گیا۔ کیونکہ میں نہیں برداشت کر سکتا کہ پٹھان آپس میں خون خرابہ کریں۔ میں نے محمد خاں کو سمجھانے کی کوشش کی مگر ناکام رہا۔"

"پھر تم شیر خان کے پاس سہسرام گئے تھے؟"

حمید نے جواب دیا۔ "ہاں میں شیر خان کے پاس گیا تھا۔"

"شیر خان نے ملاقات ہوئی؟"

"ہاں ملاقات ہوئی!"

بڑے میاں نے بے دلی سے پوچھا۔ "کیا بات چیت ہوئی؟"

حمید نے جواب دیا۔ "میں نے شیر خان کو بہت سمجھایا کہ وہ جنگ و جدال سے باز رہے مگر وہ نہیں مانا۔ میں یہ چاہتا تھا کہ شیر خان اپنے بھائیوں کو ان کا حق دے دے تو یہ جنگ کے بادل چھٹ جائیں۔ لیکن وہ نہیں مانا۔ شیر خان کی دلیل بھی بڑی مضبوط ہے وہ کہتا ہے کہ جس طرح ایک نیام میں دو تلواریں اور ایک ملک میں دو بادشاہ نہیں رہ سکتے اس طرح ایک جاگیر میں دو حاکم کیسے رہیں گے۔ وہ اپنے حق کی حمایت اور تحفظ میں جنگ کو ناگزیر اور لازمی سمجھتا ہے۔"

بڑے میاں نے نفرت سے کہا۔" شیرخان اچھا آدمی نہیں ہے۔" پھر اس نے اپنے بیٹے کو آواز دی۔" ابراہیم ذرا ادھر تو آنا۔"

آواز سن کر اس کا بیٹا ابراہیم بڑے میاں کے پاس جا کھڑا ہوا، وہ چادر اوڑھے ہوئے تھا۔

بڑے میاں نے کہا۔" یہ میرا بیٹا ابراہیم ہے۔ آج تم اسے دوسری بار دیکھ رہے ہو۔ کیا تم نے دونوں بار اسے چادر اوڑھے نہیں دیکھا؟"

حمید کو یاد آیا کہ ابراہیم کو اس نے دونوں ہی بار چادر اوڑھے ہوئے ہی دیکھا ہے، کہا۔" ہاں میں نے ابراہیم کو دونوں ہی مرتبہ چادر میں لپٹا ہوا ہی دیکھا ہے...."

بڑے میاں نے پرجوش لہجے میں بات کاٹ دی۔" اور تم نے اس پر غور نہیں کیا کہ ایسا کیوں ہے؟"

حمید نے جواب دیا۔ شاید اب میں اس پر ضرور غور کرتا اور آپ سے اس کا سبب بھی پوچھتا۔"

بڑے میاں نے نفرت انگیز لہجے میں اپنے بیٹے ابراہیم کو حکم دیا۔" چادر اتار دے۔"

ابراہیم نے چادر اتار دی۔ چادر کے اندر سے کچھ برآمد ہوا۔ اس میں ابراہیم کا سیدھا ہاتھ غائب تھا۔

حمید نے گھبرا کر پوچھا:" اس ہاتھ کو کیا ہوا؟"

بڑے میاں نے جواب دیا۔" ابراہیم کا یہ ہاتھ شیر خان کے ظلم وستم کی نذر ہو گیا۔ میں اور میرا خاندان شیرخان سے نفرت کرتے ہیں۔"

حمید نے پوچھا۔" مگر یہ کس طرح ہوا؟"

بڑے میاں نے جواب دیا۔" جب شیرخان کا باپ حسن خان زندہ تھا۔ یہ ان دنوں کی بات ہے۔ شیرخان کے باپ حسن خان نے شیرخان کو اپنی جاگیر کا داروغہ بنا دیا تھا۔ میرا خاندان شیرخان کی جاگیر میں آباد تھا۔ اور ہم سے شیرخان کو یہ شکایت تھی کہ مالیہ اور لگان کی ادائیگی سالوں کی باقی ہے۔ شیرخان نے ہم سے بقایاجات طلب کئے ہم لوگوں نے وقت مانگا اس نے وقت دینے سے انکار کر دیا۔ اور ہم پر فوج کشی کر دی۔ ہم نے بھی شیرخان کا مقابلہ کیا۔" بڑے میاں نے سرد آہ بھر کر کہا:" پھر شیرخان جیت گیا۔ میرا بھائی مارا گیا۔ یہ ابراہیم میرا بھتیجہ ہے۔ اس کا سیدھا ہاتھ کٹ گیا۔ یہ کنبہ میرے بھائی کا ہے۔ میرا تو کوئی کنبہ ہی نہیں۔ میری بیوی کا عرصہ ہوا انتقال ہو گیا۔ ابراہیم

کہ ماں میری بھاوج ہے اور اس کی اولاد میرے بھتیجے بھتیجی۔"

بڑے میاں اتنا کہہ کر خاموش ہوگئے۔

حمید نے پوچھا۔ "کیا آپ لوگوں نے واقعی سالوں سے حساب کتاب نہیں کیا تھا؟"

بڑے میاں نے تلخی سے جواب دیا۔ "سالوں کا حساب باقی تھا تو اس کا مطلب تو نہیں کہ فوج کشی کر دی جائے۔"

حمید نے کہا۔ "چونکہ مجھے حالات و واقعات کا صحیح علم نہیں ہے اس لئے میں کیا کہہ سکتا ہوں۔"

بڑے میاں کا انداز ہی بدل گیا۔ "جب میں یہ کہہ رہا ہوں کہ ہم سب شیر خان کے ظلم و جور کے شکار رہے ہیں تو تمہیں اس پر یقین کر لینا چاہئے۔"

حمید نے جواب دیا۔ "بزرگوار! افسوس کہ میں آپ کا ہم خیال نہیں ہو سکتا۔ اگر یہ بات ثابت ہو گئی کہ شیر خان ظالم ہے تو میں آپ کا ساتھ دوں گا۔ اور شیر خان سے اس کے ظلم و ستم کا حساب کتاب کروں گا۔"

بڑے میاں کے گویا پرانے زخم ہرے ہو گئے تھے۔ بیزاری سے حمید کے پاس سے اٹھ کر جاتے ہوئے قدرے تلخی سے حمید کو مخاطب کیا۔ "نوجوان! مجھے اس کا اعتراف ہے کہ تم نے میرے اس چھوٹے سے کنبے کی جان بچائی ہے لیکن اس کا یہ مطلب نہیں کہ میں شیر خان کی مدح سرائی شروع کروں تم میرے سامنے۔ دشمن کی تعریف نہیں کر سکتے۔"

بڑے میاں اپنی بھاوج کے پاس چلے گئے اور اسے مطلع کیا۔ "بھابی! یہ شخص آپ کی بربادیوں کے ذمے دار شیر خان کا مداح ہے۔ میں اس کو اپنے ساتھ نہیں رکھ سکتا۔"

بھابی نے بڑے میاں کو سمجھانے کی کوشش کی۔ "عثمان علی! شیر خان کا مداح ہونا بری بات نہیں۔ ہو سکتا ہے اس کو شیر خان سے فائدے پہنچے ہوں۔ ہر شخص کے اپنے ذاتی تجربات ہوتے ہیں۔ اور انہی تجربات کی بنیاد پر وہ اپنے گرد و پیش کے لوگوں سے محبت یا نفرت کرتا ہے۔ ایک ایسا ہی تلخ تجربہ تمہیں شیر خان سے متنفر کئے ہوئے ہے۔ اور شاید کوئی خوشگوار تجربہ اس نوجوان کو شیر خان سے محبت اور مدح سرائی پر مجبور کر رہا ہو۔"

بڑے میاں نرم پڑ گئے۔ "جب میں اپنے مرحوم بھائی کو یاد کرتا ہوں اور ابراہیم کا کٹا ہوا ہاتھ دیکھتا ہوں تو میرے دل اور دماغ میں نفرت اور انتقام کا آتش فشاں ابلنے لگتا ہے۔"

بھاوج نے عثمان علی کو مزید سمجھایا۔ "عثمان علی جو کچھ ہو چکا اس کو بھلا دو اور اس شریف نوجوان سے بگاڑ نہ کرو۔" پھر کچھ سوچ کر پوچھا۔ "اس نے اپنے خاندان کے بارے میں کچھ بتایا ہے؟"

بڑے میاں نے بیزاری سے منہ پھیر کر جواب دیا۔" دہلی کا رہنے والا ہے کہتا تھا، پلاسی کی جنگ میں پورا خاندان مارا گیا۔ اب بالکل تنہا ہے۔"

بھاوج کے چہرے پر خوشی کی لہر سی دوڑ گئی، پوچھا۔

"رہتا کہاں ہے؟"

عثمان علی نے جواب دیا۔" کچھ پتہ نہیں۔ یہ میں نے نہیں پوچھا۔"

بھاوج نے کہا۔" عثمان علی! تم اس سے باتیں کرو، میں اس کے لئے کھانا تیار کر رہی ہوں۔ اگر کسی طرح بات بن جائے تو یہ ہماری خوش قسمتی ہوگی۔"

عثمان علی نرم پڑ گیا۔ واپس جاتے ہوئے کہا۔" بہرحال ایک بات طے ہے۔ اگر اس نوجوان کو ہم میں رہنا ہے تو اس کو ہماری ہی طرح سوچنا ہوگا۔ میں اور ابراہیم یہ فیصلہ کر چکے ہیں کہ شیر خان سے اپنی بربادیوں کا حساب کتاب ضرور کریں گے۔" اگر حمید کو ہمارے ساتھ رہنا ہے تو اسے بھی ہمارا ساتھ دینا ہوگا۔" اتنے میں ابراہیم ان دونوں کے پاس پہنچ گیا۔ عثمان علی نے اس سے پوچھا۔" کیوں ابراہیم! ہمیں شیر خان سے حساب کتاب کرنا ہے یا نہیں؟"

ابراہیم نے جواب دیا۔" ان شاءاللہ، اس کے لئے میرا ایک ہی ہاتھ کافی ہے۔"

لیکن ابراہیم کی ماں نے ان دونوں سے اختلاف کیا، بولی۔

" عثمان علی! کیا تمہارا بھائی ظلم اور سرکشی پر نہیں اتر آیا تھا" اس کی آنکھوں میں آنسو آ گئے۔ اس نے شیر خان کو للکارا، اس سے بغاوت کی اور مارا گیا، اس نے زندگی بھر مجھے تکلیفیں پہنچائیں، اپنی اولاد تک کو خوش نہیں رکھا، وہ میرا شوہر تھا لیکن میں اس کی تعریف نہیں کر سکتی۔"

ابراہیم نے کہا۔" لیکن ماں! میرے باپ کی مذمت نہ کرو۔"

ماں نے ڈانٹ دیا۔" تو چپ رہ، تیرے باپ کو مجھ سے زیادہ کوئی نہیں جانتا، اگر بھائی عثمان علی کی شفقتیں شامل حال نہ ہوتیں تو آج اس خاندان کا معلوم نہیں کیا حشر ہو چکا ہوتا۔"

عثمان علی چپ چاپ حمید کے پاس چلا گیا، ابراہیم بھی وہاں سے ہٹ گیا۔ ابراہیم کی بہن کلثوم چھپ کر ان کی باتیں سن رہی تھی۔ وہ عثمان علی اور ابراہیم کی باتوں سے غمگین ہو گئی تھی مگر ماں کی باتوں نے اسے خوش کر دیا۔

O

حمید کو شیر خان میں جو عزم، حوصلہ اور رعنائی مندی نظر آئی تھی وہ مسحور کن تھی۔ اس کو یقین ہو چکا تھا کہ شیر خان ایک نہ ایک دن کوئی غیر معمولی شخص ثابت ہوگا۔ اس گھر میں جہاں

وہ رہ رہا تھا۔ شیر خان کے خلاف نفرتیں تھیں، جذبہ انتقام تھا، غصہ اور غیظ و غضب تھا شادی اپنی فوج کے ساتھ سہسرام کی طرف بڑھ رہا تھا اس کو حمید کا انتظار تھا مگر حمید اس کے ساتھ جانے سے گریز کر رہا تھا۔ اس نے شادی سے کہہ دیا کہ وہ آگے نہیں جائے گا کیوں کہ شیر خان جنگ سے گریز کر رہا تھا۔ اس کے علاوہ حمید نے یہ فیصلہ بھی کر لیا تھا کہ وہ شیر خان کا ساتھ اختیار کرے گا۔ وہ یہ بھی جانتا تھا کہ شیر خان اس پر اعتبار نہیں کرتا مگر وہ مایوس نہیں ہوا تھا اور اسے یقین تھا کہ ایک نہ ایک دن وہ اعتماد بحال کرنے میں کامیاب ضرور ہو جائے گا۔

ماں کا رویہ بہت اچھا تھا، کلثوم کے انداز میں تکلف اور احتیاط پائی جاتی تھی۔ عثمان علی میں ابتدا جیسی بات نہ رہی تھی۔ اس کے طور طریق میں سرد مہری پیدا ہو گئی تھی۔ اور ابراہیم اپنے چچا کے نقشِ قدم پر چل رہا تھا۔ ان حالات میں حمید کا اس گھر میں رہنا دشوار ہو رہا تھا۔

ایک دن عثمان اور ابراہیم اپنی زمینوں کی دیکھ بھال کو چلے گئے تو حمید نے باورچی خانے کے در پہ کھڑے ہو کر ماں سے باتیں کرنا شروع کر دیں۔ یہیں کلثوم بھی موجود تھی۔ چھوٹی بچی زینب کھیل کود میں مشغول تھی۔

حمید نے ماں سے پوچھا۔ "یہ چچا عثمان علی اور ابراہیم کہاں چلے گئے؟"

ماں نے جواب دیا۔ "زمینوں کی دیکھ بھال کرنے، کیوں؟"

حمید نے کلثوم کی طرف دیکھا۔ دونوں کی نظریں ملیں، کلثوم نے سر جھکا لیا۔ ماں سر جھکائے کام میں معروف تھیں۔ حمید نے کہا۔ "ماں! ان دونوں نے مجھے کچھ بھی نہیں بتایا۔"

ماں نے جواب دیا۔ "کوئی ایسی بات تو تھی نہیں جو بتا کر جاتے۔"

حمید نے کہا۔ "نہیں، یہ بات نہیں ہے ماں! میں محسوس کر رہا ہوں کہ چچا عثمان علی مجھ سے کچھ کھنچے کھنچے رہتے ہیں اور ابراہیم اپنے چچا کا تابع ہے۔"

ماں نے بات بنانے کی کوشش کی۔ "ایسی تو کوئی بات نہیں ہے حمید بیٹے! میں نے تو یہ بات محسوس نہیں کی۔"

حمید نے کہا۔ "آپ کو یہ باتیں نہیں محسوس ہوں گی ماں! ان کا تعلق مجھ سے ہے اور میں انہیں محسوس کر رہا ہوں۔"

ماں نے کہا۔ "عثمان علی شیر خان سے نفرت کرتا ہے اور تم اس کی تعریف کرتے ہو، تم کو بھی ذرا احتیاط کرنی چاہیے۔"

حمید نے جواب دیا۔ "ماں! تو اس کا مطلب یہ ہوا کہ مجھے یہ گھر چھوڑ دینا چاہیے؟"

کلثوم نے تڑپ کر حمید کی طرف دیکھا۔ اس کی نگاہوں میں یاسیت تھی، التجا تھی، درخواست تھی، خوشامد تھی۔

ماں نے کہا۔ "اس کا یہ مطلب ہرگز نہیں ہوا۔ تمہیں یہ گھر ہرگز نہیں چھوڑنا چاہیے۔ کون سا گھر ہے جہاں اختلافات نہیں ہوتے۔ کیا اختلافات کی وجہ سے لوگ گھروں کو چھوڑ دیتے ہیں؟"

حمید نے پوچھا۔ "ماں! مگر یہ میرا گھر کب ہے۔ جن کا گھر ہوتا ہوگا وہ نہیں چھوڑتے ہوں گے۔"

اس نے حمید کی طرف دیکھا اور جواب دیا۔ "اگر تم اسے اپنا گھر سمجھو گے تو یہ تمہارا ہو جائے گا ورنہ لوگ تو ہمارے گھروں میں رہ کر بھی اجنبی ہی رہتے ہیں۔ گھر کو اپنا گھر سمجھنے سے گھر بنتا ہے۔"

حمید نے دیکھا کلثوم کنکھیوں سے اسے دیکھے جا رہی ہے۔ حمید کو اس پر ترس آ رہا تھا۔

ماں نے چپ رہ کر مزید کہا۔ "حمید! بات سیدھی سی ہے۔ میرے بچوں کا باپ جیسا کچھ بھی تھا۔ اس نے پچھلے کئی برسوں سے سرکشی اختیار کر رکھی تھی۔ شیر خان نے اس سرکشی کو طاقت سے کچل دیا اور شیر خان نے جو کچھ کیا تنہا میرے شوہر کے ساتھ نہ کیا بلکہ اس فہرست میں اور کئی نام بھی شامل ہیں۔ ان سب کو کچل کر رکھ دیا گیا۔ جب میں یہ سوچتی ہوں کہ اگر شیر خان کی جگہ میرا شوہر اور شوہر کی جگہ شیر خان ہوتا تو وہ بھی یہی کرتا۔"

حمید نے کہا۔ "پھر آپ عثمان علی اور ابراہیم کو سمجھائیں کہ وہ اس معاملے میں زیادہ جذباتی نہ بنیں۔"

ماں نے جواب دیا۔ "میں انہیں برابر سمجھاتی رہتی ہوں، میں تھکی نہیں ہوں، بس ذرا وقت لگے گا۔"

حمید نے کہا۔ "پھر میں یہ کروں گا کہ کچھ دنوں کے لیے یہاں سے چلا جاؤں..."

ماں نے بات کاٹ دی، بولی۔ "اگر تم نے یہاں سے جانے کا فیصلہ ہی کر لیا ہے تو تمہیں روک بھی کون سکتا ہے۔ بشوق چلے جاؤ۔ اپنی خوشی سے آئے تھے اپنی مرضی سے چلے جاؤ گے۔"

حمید وہاں سے ہٹ آیا۔ ماں اداس ہو گئیں، انھوں نے جاتے ہوئے حمید کی طرف دیکھا تک نہیں۔ حمید کے چلے جانے کے بعد وہ بڑبڑانے لگیں۔ "بھائی عثمان علی کو رہے سہے معلوم نہیں کیا ہوتا جاتا ہے کہ گڑے مردے اکھیڑنے لگتے ہیں۔ وہ معلوم نہیں یہ کیوں نہیں سوچتے کہ ان کے دل پر لگے ہوئے زخم کسی دوسرے کو نہیں تڑپا سکتے۔"

کلثوم اضطراری حالت میں اٹھی اور باورچی خانے سے نکل گئی۔ اس نے کہا۔ "میں تو اس

تو جوانی کو روکنے سے رہی ہاں تو اگر روک سکے تو روک لے۔"

کلثوم ادھر اُدھر وحشت سے دیکھتی ہوئی حمید کے کمرے تک پہنچ گئی۔ اس نے کھڑکی کی درز سے جھانک کر دیکھا، حمید نے فرش پر ایک چادر بچھا رکھی تھی اور اس پر اپنے کپڑے رکھ رہا تھا۔ کلثوم اور زیادہ پریشان ہو گئی۔ آہستہ آہستہ چل کر دروازے کے سامنے آ کھڑی ہوئی۔ کمرے میں اس کا سایہ جو پڑا تو حمید نے گھوم کر دیکھا۔ اپنے سامنے کلثوم کو کھڑا دیکھ کر خود بھی کھڑا ہو گیا۔ اس کا منہ کھل کر رہ گیا۔ "کلثوم یہ تم ہو!"

کلثوم کی آنکھیں بھیگ گئی تھیں، ہونٹ کپکپا رہے تھے۔ تھرتھراتی آواز میں آہستہ سے پوچھا۔ "کیا آپ جا رہے ہیں؟"

حمید نے جواب دیا۔ "ہاں کلثوم!"

کلثوم نے آنکھیں بھینچ لیں اور آہستہ سے کہا۔ "اچھا خدا حافظ۔"

وہ یہ کہہ کر چلی گئی۔ حمید کانپ گیا۔ بھاگ کر کلثوم کا راستہ روک لیا، بولا۔ "کیا اس طرح خدا حافظ کہا جاتا ہے؟"

کلثوم نے مغموم آواز میں جواب دیا۔ "کیا اس طرح رخصت ہوا جاتا ہے؟"

حمید نے اِدھر اُدھر دیکھا، وہاں دور دور تک کوئی نہیں تھا۔ آہستہ سے کہا۔ "کلثوم! کیا تم جانتی ہو کہ میں اس گھر میں کس وجہ سے آیا تھا؟"

کلثوم نے جواب دینے کے بجائے ڈبڈبائی آنکھوں سے حمید کی طرف دیکھا۔ حمید نے اپنے دامن سے کلثوم کے آنسو پونچھنا چاہے، بولا۔ "تم پوچھتی کیوں نہیں کلثوم کہ میں اس گھر میں کس کی وجہ سے آیا تھا؟"

کلثوم نے حمید کے دامن سے اپنی آنکھیں بچائیں، بولی۔ "اب میں کچھ بھی نہیں پوچھوں گی۔"

حمید نے کہا۔ "کلثوم! میں تم سے کچھ باتیں کرنا چاہتا ہوں۔"

کلثوم نے جواب دیا۔ "میں جانے والوں سے کیا باتیں کروں؟ خدا حافظ کہہ دینے کے بعد کسی بات کی گنجائش ہی کہاں رہ گئی۔"

حمید نے کہا۔ "کلثوم! تم خود سوچو کہ میں اس گھر میں کب تک مہمان بنا رہوں گا؟"

کلثوم نے جواب دیا۔ "آپ کو اس گھر میں کس نے مہمان سمجھا ہے؟"

حمید نے کہا۔ "خود میں نے۔ کیونکہ میں جانتا ہوں کہ میں اس گھر میں اچانک حادثاتی طور پر داخل ہوا تھا پھر مہمان بن کر آ گیا، اور مہمان کو ایک نہ ایک دن تو جانا ہی پڑتا ہے۔"

کلثوم نے کہا۔ "آپ نے خود کو مہمان سمجھ رکھا ہے ورنہ میری ماں کی یہی خواہش رہی

ہے کہ آپ زمینوں کے معاملات میں چچا عثمان علی کا ہاتھ بٹائیں اور اسی گھر میں رہیں۔"

حمید نے جواب دیا۔"مجھ سے ایسا کہا تو کبھی نہیں گیا۔"

کلثوم نے کہا۔" ہر بات کہی تو کبھی بھی نہیں جاتی بس سمجھی جاتی ہے۔"

حمید نے کہا۔"مگر افسوس کہ میں ان زمینوں کا آدمی نہیں ہوں۔ میرے آبا و اجداد سپاہی ہوں۔ میرے کام کی زمین میدانِ کارزار ہے میں رزم گاہ کے لئے پیدا ہوا ہوں۔"

کلثوم روہانسی ہو گئی، چڑ کر بولی۔"پھر اس گھر میں کیا کر رہے ہو، چلے جاؤ اپنی زمینوں پر۔ معلوم نہیں تم مردوں کو میدانِ کارزار کی زمینیں کیوں اچھی لگتی ہیں۔ وہ زمینیں جو آدمیوں کو کھاتی ہیں۔ میں تو تمہیں ان زمینوں کی طرف بھیجنا چاہتی ہیں جو ہمیں کچھ دیتی ہیں، جہاں فصلیں اگتی ہیں جہاں پھل لگتے ہیں مگر تم لوگ قبرستان کی طرف بھاگتے ہو۔"

کلثوم کی باتوں نے حمید کے دل پر بڑا اثر کیا، بولا۔"کلثوم! میں بڑا دکھی انسان ہوں۔ میں نے جس میدان میں اپنا سب کچھ گنوا دیا تھا، اب وہیں سے کچھ حاصل کرنا چاہتا ہوں۔ معاشرہ میں عزت دار وہی ہیں جو مردِ میدان ہیں۔ پھر اس کی آنکھوں میں میرا انتقام ہے اور تمہارے دل میں میں نے کوئی جگہ بنائی ہے تو میں کہیں بھی رہوں، آخرکار یہیں چلا آؤں گا۔"

کلثوم نے کہا۔"ہم سب کے دل ٹوٹے ہوئے ہیں۔ اگر آپ میری زبان سے یہ سننا چاہتے ہیں کہ میں.... کہ میں...."

وہ بات پوری نہیں کر سکی اور منہ کو دونوں ہاتھوں سے چھپا کر روتی ہوئی چلی گئی۔

حمید اس کو جاتے ہوئے دیکھتا رہا۔ اس کی سمجھ میں کچھ نہیں آرہا تھا کہ یہ کیا ہو گیا اور ان حالات میں اس کو کیا کرنا چاہیے جب کلثوم نظروں سے اوجھل ہو گئی تو وہ بھی مضمحل اور اداس اداس اپنے کمرے میں چلا گیا۔ بچھی ہوئی چادر کے کپڑے اٹھا کر کھونٹیوں پر ٹانگ دیے اور چادر تہہ کر کے لکڑی کے صندوق میں رکھ دی۔

٥

حمید کچھ دن کے لئے اور رک گیا۔ وہ کلثوم کو ناراض کر کے نہیں جانا چاہتا تھا۔ ماں اس کے رک جانے سے خاموش تھیں۔ مگر عثمان علی انتہائی کوشش کے باوجود اپنی سابقہ گرم جوشی بحال نہیں کر سکا تھا۔ حمید موقع کی تلاش میں تھا وہ کلثوم سے چند باتیں کر کے اسے اپنے اعتماد میں لینا چاہتا تھا۔

یہ سردیوں کے دن تھے، عثمان علی کو اچانک زمینوں پر جانا پڑ گیا۔ وہ ابراہیم کو ہمیشہ اپنے ساتھ رکھتا تھا۔ اس نے جاتے جاتے حمید سے کہا۔"حمید! اگر تو جانا چاہے

تو میری واپسی تک نہ جانا۔ اس کے بعد چلے جانا۔''

عثمان علی کی اس بات نے حمید کے دل پر چوٹ سی لگائی، اور بوکھلا گیا اور فوری طور پر اس کی سمجھ میں نہ آیا کہ عثمان علی کو کیا جواب دے۔ وہ انتہائی جذباتی تھا، اس کی بھوک پیاس اور نیند تک اڑ گئی۔ عثمان علی زہر میں بجھا تیر حمید پر چلا کر زمینوں پر جا چکا تھا۔ عثمان علی کی یہ بات ماں اور کلثوم نے بھی سن لی تھی۔ وہ دونوں اس کے ردِ عمل سے پریشان ہو رہی تھیں۔ چنانچہ عثمان علی کے چلے جانے کے بعد ماں نے اس کے زخمی دل پر پھاہا رکھنا چاہا۔ بولیں: "عثمان علی بھی غموں سے سٹھیا گیا ہے۔''

حمید نے جواب دیا۔" نہیں ماں! ایسی بات نہیں ہے۔ چچا عثمان علی کی بات میں ان کی خواہش پائی جاتی ہے اب مجھے نہیں رُکنا چاہئے۔''

ماں نے کہا۔" میں عثمان علی کو سمجھا دوں گی۔''

حمید جواب دیئے بغیر اپنے کمرے میں چلا گیا۔ وہاں چارپائی پر سر جھکا کر بیٹھ گیا۔ وہ اس خاندان سے کہاں اور کس حال میں ملا تھا۔ پھر دوبارہ اس گھر میں کس طرح آیا، ساری باتیں تصور میں گھوم رہی تھیں۔ پھر وہ اٹھا اور اپنا سامان باندھ لیا۔ اس کی چستی اور تیزی مفقود ہو چکی تھی۔ اس کا خیال تھا کہ کلثوم اس بار بھی اس کے پاس آئے گی اور اسے روکنے کی کوشش کرے گی۔ اس نے کپڑے کی پوٹلی باندھنے کے دوران کئی بار دروازے کی طرف دیکھا مگر وہاں کوئی بھی نظر نہ آیا۔

کچھ دیر بعد وہ کمرے سے باہر نکلا اور اِدھر اُدھر نظریں دوڑا کر کلثوم کو تلاش کرنے لگا۔ آخر اچانک اس کی نظر اس حال میں کلثوم پر پڑی کہ وہ ماں کے کمرے سے باہر نکل رہی تھی۔ کلثوم نے بھی اسے دیکھ لیا۔ وہ چند لمحوں کے لئے کمرے کے در پر رُکی۔ پھر صحن کے مقابلے برآمدے میں چلی گئی۔ حمید بھی وہیں پہنچ گیا۔ یہاں رنگ برنگے پھولوں کی بیلیں دیواروں پر پھیلی ہوئی تھیں۔ کلثوم ایک بیل کے سائے تلے بچھی ہوئی چوکی پر بیٹھ گئی۔ حمید اس کے پاس جا کھڑا ہوا، آہستہ سے آواز دی۔" کلثوم!''

کلثوم نے اس کی طرف دیکھا اور نظریں جھکا لیں۔ "مجھے افسوس ہے چچا عثمان علی کی طرف سے میں معافی مانگ رہی ہوں۔''

حمید نے جواب دیا۔" کلثوم! معافی مانگنے کی کوئی ضرورت نہیں۔ میں نے جو بے غیرتی اختیار کر لی تھی، اس کا یہی نتیجہ برآمد ہونا تھا۔''

کلثوم نے کہا۔" کہیں دل برداشتہ ہو کر چلے نہ جانا۔''

حمید نے جواب دیا۔ "کلثوم! میں تم سے جانے کی اجازت لینے آیا ہوں۔"

کلثوم کو اس پر حیرت نہیں ہوئی، شاید وہ یہ خبر سننے کے لئے پہلے ہی سے تیار تھی۔ پوچھا۔ "پھر کب آؤ گے؟"

حمید نے جواب دیا۔ "کچھ پتہ نہیں، مجھے خود پتہ نہیں کہ میں پھر کب آؤں گا۔"

کلثوم نے کہا۔ "جانے سے پہلے ماں سے چند باتیں کر لینا وہ آپ سے کچھ کہنا چاہتی ہیں۔"

حمید نے کہا۔ "میں ابھی ان سے باتیں کئے لیتا ہوں۔"

یہ کہہ کر وہ ماں کے پاس جانے کے لئے مڑا مگر کلثوم نے یہ کہہ کر اسے روک دیا کہ وہ اس وقت سوئی ہوئی ہیں۔

حمید کی جان میں جان آئی۔ بولا۔ "میں تم سے بھی چند باتیں کرنا چاہتا ہوں۔"

کلثوم نے جواب دیا۔ "کرو۔"

حمید کو کہنے کے لئے الفاظ نہیں مل رہے تھے۔ بالآخر اٹک اٹک کر بولا۔ "کلثوم! در اصل غلطی میری ہی تھی۔ مگر تمہاری محبت نے مجھے بے غیرت بنا دیا تھا۔ جونپور کا حاکم محمد خان میرا انتظار کر رہا ہے اور میں یہاں....."

کلثوم نے کہا۔ "میں صرف یہ جاننا چاہتی ہوں کہ اب کیا ہوگا؟"

حمید نے جواب دیا۔ "کلثوم! وہی ہوگا جو تم چاہوگی۔ میرا آئندہ کا رویہ تمہارے جواب کا تابع ہے۔"

کلثوم نے شرما کر پوچھا۔ "میں کب تک آپ کا انتظار کروں گی؟"

حمید کو اس سوال نے خوش کر دیا۔ یہ ایسا سوال تھا جس میں حمید کے سوال کا جواب بھی موجود تھا۔

حمید نے کہا کلثوم! میں یہاں سے نکل کر شیر خان کو تلاش کروں گا پھر اس کے ساتھ قسمت آزمائی میں لگ جاؤں گا۔ تمہارے پاس واپس آجاؤں گا۔"

کلثوم شیر خان کے ذکر پر چونک گئی، بولی۔ "میں واپسی کی مدت پوچھ رہی ہوں اور یہ بار بار شیر خان کا نام کیوں لیتے ہیں؟"

حمید نے جواب دیا۔ "سر دست میں خود نہیں جانتا کہ اس میں کتنا وقت لگے گا۔ شیر خان میرے لئے ایک مثالی انسان ہے۔ میں اس سے متاثر ہوں اور اسی جیسا بن جانا چاہتا ہوں۔"

کلثوم نے کہا۔ "جب آپ یہ جانتے ہیں کہ میرے گھر کا ہر فرد شیر خان سے چڑتا ہے، جلتا ہے تب پھر آپ بار بار ہمارے سامنے اس کا نام کیوں لیتے ہیں؟"

حمید نے جواب دیا۔" اس لئے کہ میں اس سے نہیں چھڑاتا۔ میں اس سے نہیں جلتا وہ میری محبوب ترین شخصیت ہے۔"

کلثوم نے سنی اَن سنی کر دی، پوچھا۔" مجھے تو بس تنا دیجئے کہ آپ واپس کب آئیں گے؟"

حمید نے جواب دیا۔" کہہ تو دیا کہ میں خود نہیں جانتا کہ واپس کب آؤں گا لیکن کبھی نہ کبھی واپس آؤں گا ضرور۔"

کلثوم نے خزینہ لب و لہجے میں کہا۔" آپ جب بھی آجائیں میں انتظار کروں گی، بالوں کی سفیدی تک۔"

حمید نے پوچھا۔" لیکن یہ وعدہ تم کس طرح کر سکتی ہو! کیا تم اپنی ماں، اپنے چچا شان علی اور بھائی ابراہیم کی ضدوں اور رمزنیوں کے خلاف ثابت قدم رہ سکو گی؟"

کلثوم نے جواب دیا۔" میں جو کچھ کہہ رہی ہوں آزما لینا مگر ایک بات۔ ایک وعدہ آپ کو بھی کرنا ہے۔"

حمید نے پوچھا۔" کون سا وعدہ؟"

کلثوم نے کہا۔" آپ جہاں کہیں بھی رہیں یہ یاد رکھیں کہ میں انتظار کر رہی ہوں۔ آپ کو اور لڑکیاں یا عورتیں بھی مل سکتی ہیں۔ مگر میں آپ کا انتظار کروں گی۔ ہر حال میں۔"

اس کے بعد اس نے حمید کو ایک رومال دیا۔ حمید نے اس رومال کو کھول تو دیکھا اس میں دو آنکھیں بنی ہوئی ہیں، حیرت سے پوچھا۔" کلثوم! یہ دو آنکھیں! یہ کیوں؟ ان کا کیا مطلب؟"

کلثوم نے آنکھیں بند کر لیں۔" یہ میری آنکھیں ہیں۔ منتظر، آپ کی منتظر آنکھیں۔ آپ اس رومال کو ہر وقت اپنے پاس رکھیے گا اور وقتاً فوقتاً انہیں یہ دیکھ کر یاد کر لیجئے گا کہ کوئی آپ کا انتظار کر رہا ہے اور خاص کر اس وقت ضرور، جب کوئی لڑکی یا عورت...."

وہ بات پوری نہ کر سکی، رونے لگی۔

حمید نے کلثوم کے رومال سے اس کے آنسو خشک کرنا چاہے مگر وہ پیچھے ہٹ گئی، بولی۔" اس رومال کو اپنی آنکھوں سے لگائے رکھنا۔ میرے آنسوؤں کے لئے میرا اپنا دامن کافی ہے۔"

اس کے بعد کلثوم حمید کے پاس نہیں ٹھہری۔ وہ بھاگتی ہوئی ماں کے کمرے میں گھس گئی حمید حیران و پریشان بھونچکا دیکھتا ہی رہ گیا۔ اس کا خیال تھا کہ اب کلثوم کی ماں بیدار ہو کر باہر آجائے گی لیکن کچھ انتظار کرنے کے باوجود جب دونوں میں سے ایک بھی باہر نہ آئی تو

حمید دبے قدموں ایڑی کے بل چل کر ماں کے کمرے تک پہنچا وہ اندر سے بند تھا اس نے کھڑکی کے ایک چھوٹے سے سوراخ سے جھانک کر اندر دیکھا، ماں پلنگ پر بیٹھی ہوئی تھیں اور کلثوم ان کی رانوں پر لیٹی تھی، ماں اس کے سر پر ہاتھ پھیر رہی تھیں، اس نے سنا ماں آہستہ آہستہ کہہ رہی تھیں "تجھ کو ایسا وعدہ نہیں کرنا تھا کلثوم! تو مردوں کو نہیں جانتی۔"

کلثوم سسکیاں لے لے کر رو رہی تھی۔

ماں نے پوچھا "جب تم نے اس سے انتظار کرنے کا وعدہ کیا تو اس نے کیا کہا تھا؟"

کلثوم نے سسکیاں لیتے ہوئے جواب دیا۔ "وہ کہتے تھے میں واپس ضرور آؤں گا۔"

ماں نے پوچھا "مگر کب؟ کتنے دنوں بعد؟ واپسی کی کوئی مدت نہیں بتائی اس نے؟"

کلثوم نے جواب دیا۔ "مدت نہیں بتائی، لیکن میں نے اس سے کہہ دیا ہے کہ میں بالوں کی سفیدی تک انتظار کروں گی۔"

ماں نے فرطِ غم میں کلثوم کے سر پر دو ہتڑ رسید کر دیا، اور غمگین آواز میں کہا "یہ تو نے کیا کیا کلثوم! تو نہیں جانتی ان مردوں کو۔ میری بچی تو انتظار کرتی رہ جائے گی۔ اور وہ شخص تجھے بھول کر کہیں اور شادی کر لے گا۔"

کلثوم رونے لگی، ماں کی آنکھیں بھی بھیگ گئیں، بولی۔ "میں اس سے بات کروں گی۔ اور اس سے تیرا وعدہ واپس لے لوں گی۔ میں اس سے صاف صاف کہہ دوں گی کہ اگر وہ چار سال کے اندر اندر نہیں آیا تو میں اپنی بچی کی شادی کہیں اور کر دوں گی۔"

کلثوم اُٹھ کر بیٹھ گئی بولی۔ "ماں! خدا کے لئے اس سے ایسی بات نہ کرنا۔ میں نے جو کہہ دیا، میں زندگی بھر اس کا انتظار کر لوں گی۔"

ماں اٹھ کر کھڑی ہو گئی، بولی۔ "تو تو پاگل ہو گئی ہے۔"

حمید پنجوں کے بل بھاگتا ہوا اپنے کمرے میں چلا گیا۔ پلنگ پر لیٹ کر چادر اوڑھ لی۔ کچھ دیر بعد جب ماں اس سے بات کرنے پہنچی تو اسے سوتا ہوا دیکھ کر واپس چلی گئی اور کلثوم سے کہا۔ "اور کرو وعدہ زندگی بھر انتظار کرنے کا۔ وہ تو تیری طرف سے بے فکر ہو کر لمبی تانے سو رہا ہے۔"

٥

حمید، عثمان علی اور ابراہیم کا انتظار کر رہا تھا۔ ماں نے پہلے تو حمید سے صاف صاف بات کرنا چاہی تھی لیکن کلثوم نے رو رو کر ماں کو روک دیا۔ بس اتنی سی بات کہہ کر رہ گئی — "بیٹے! کلثوم لڑکی ہے، لڑکی کا معاملہ بہت نازک ہوتا ہے۔ جلدی واپس آنے کی کوشش کرنا اور

اگر ..... خدانخواستہ اگر گھر گرہستی میں پھنس جاؤ تو ہمیں اس کی اطلاع ضرور کر دینا تاکہ میں بھی کلثوم کا بندوبست کر دوں۔"

حمید نے جواب دیا۔" میں واپس آؤں گا ماں، میں ضرور واپس آؤں گا۔ آپ بے فکر رہیں۔"

جب عثمان علی واپس آگیا اور حمید کو رختِ سفر باندھے دیکھا تو براہِ راست حمید سے بات نہیں، کلثوم کی ماں سے پوچھا۔ "کیا یہ جا رہا ہے؟"

ماں نے جواب دیا۔" ہاں جا رہا ہے۔"

عثمان علی نے پوچھا۔" مگر کہاں؟"

ماں نے جواب دیا۔" کچھ پتہ نہیں یہ تو اسی سے پوچھ لو۔"

عثمان علی نے کہا۔" آپ کو نہیں بتایا کچھ؟ کچھ بھی نہیں!"

ماں نے جواب دیا۔" نہ تو میں نے اس سے یہ پوچھا ہے اور نہ اس نے خود سے یہ بتایا ہے۔"

حمید باہر نکل گیا۔ اس نے گھوڑا نکالا اور اس کی پشت پر زین کسنے لگا۔

عثمان علی نے حمید کی پوٹلی اٹھائی اور کلثوم کی ماں سے پوچھا۔" یہی پوٹلی اس کے ساتھ جائے گی یا کچھ اور بھی ہے؟"

کلثوم کو اپنے چچا عثمان علی کی حرکتوں پر غصہ بھی آرہا تھا اور رونا بھی۔ دوڑ کر ان کے پاس پہنچی اور پوچھا۔" چچا جان! یہ آپ کیا کر رہے ہیں۔"

عثمان علی نے اس کے بھاری پپوٹیوں کی طرف دیکھتے ہوا جواب دیا۔" حمید کی پوٹلی دینے جا رہا ہوں۔ میں نے سوچا غریب کو خواہ مخواہ اتنی زحمت کرنا پڑے گی۔" پھر پپوٹوں کی طرف اشارہ کرتے ہوئے پوچھا۔" یہ انہیں کیا ہو گیا ہے کلثوم! کیا آنکھیں دکھنے آگئیں؟ ان میں دوا ڈلواؤ آنکھیں بڑی نعمت ہوتی ہیں۔ ان کی فوراً پرواکرنی چاہیئے۔"

باہر نکل کر عثمان علی نے حمید کی پوٹلی اس کے حوالے کر دی، بولا۔" یہ اندر رہ گئی تھی، میں نے سوچا تم بار بار کیوں تکلیف کرو، میں ہی لے آیا۔"

ماں، چھوٹی بچی زینب اور ابراہیم دروازے پر موجود تھے لیکن ان میں کلثوم نہیں تھی۔

حمید نے زینب کے سر پر ہاتھ پھیرا اور جھک کر اس کی پیشانی چوم لی، پوچھا۔" زینب مجھے کبھی یاد کرو گی یا نہیں۔"

زینب نے پوچھا۔" کتنی دیر میں آؤ گے واپس؟"

حمید نے جواب دیا۔" بہت دنوں بعد۔ مگر واپس ضرور آؤں گا۔"

پھر ابراہیم سے ہاتھ ملایا۔ اس نے چچا کی طرف دیکھا، اور سرجھری سے ہاتھ ملا کر چھوڑ

دیا۔

ماں کی طرف دیکھا، وہ کہہ رہی تھیں۔" دیکھو واپس ضرور آنا۔ میں انتظار کروں گی تمہارا۔"

حمید ماں کے قریب چلا گیا۔ ماں نے شفقت سے اس کے سر پر ہاتھ پھیرا اور دعائیں دیں۔

بالکل آخر میں وہ عثمان علی سے مخاطب ہوا۔ بولا۔"چچا جان! اجازت۔"

چچا عثمان علی نے کہا۔" چلو کچھ دور تو پیدل چلو، میں بھی ساتھ ساتھ چلتا ہوں۔"

حمید گھوڑے کی لگام پکڑ کر چچا عثمان علی کے ساتھ چلنے لگا

عثمان علی نے چلتے چلتے کہا۔" تم نے اپنی واپسی کی مدت نہیں بتائی۔"

حمید نے جواب دیا۔" نہیں، کیوں کہ میں جو مقصد لے کر جا رہا ہوں پتہ نہیں وہ کتنی مدت میں پورا ہو۔"

عثمان علی نے کہا۔" تو اس کا مطلب یہ ہوا کہ تمہارا کوئی اعتبار نہیں۔ میں کلثوم کے سلسلے میں تمہارا انتظار نہ کروں۔"

حمید نے جواب دیا۔" جیسی آپ کی مرضی، میں کیا کہہ سکتا ہوں۔"

عثمان علی نے کہا۔" اور جب واپس آنا تو یہ خوش خبری لے کر کہ تم نے کلثوم کے مرحوم باپ کا بدلہ لے لیا۔"

حمید نے کہا۔" میں آپ کا مطلب نہیں سمجھا، آپ کہنا کیا چاہتے ہیں؟"

عثمان علی نے جواب دیا۔" یہ کہ میں شیر خان کو کبھی بھی معاف نہیں کر سکتا، اگر تم میرے مرحوم بھائی کے داماد بننا چاہتے ہو تو تمہیں شیر خان کو قتل کر دینا چاہیے۔ یہ کام اس کا بیٹا ابراہیم نہیں انجام دے سکتا کیوں کہ وہ ایک ہاتھ کا ہے۔"

حمید نے کہا۔" لیکن افسوس! کہ میں یہ کام نہیں کر سکتا۔"

عثمان علی نے جواب دیا۔" تب پھر تم اس گھر میں واپس نہ آنا۔"

حمید نے دبی زبان میں کہا لیکن میں نے اور کلثوم نے واپسی کا وعدہ کر لیا ہے۔"

عثمان علی نے نفرت سے کہا۔" وہ دونوں عورتیں ہیں۔ اس گھر کا سرپرست میں ہوں اور جب تک میں راضی نہ ہو جاؤں کوئی شخص بھی اپنی مرضی سے کچھ نہیں کر سکتا۔"

حمید نے عثمان علی کی بات کا جواب نہیں دیا اور اچھل کر گھوڑے پر سوار ہو گیا۔

عثمان علی نے جلدی سے حمید کو کہا۔" میرا مشورہ تو یہ ہے کہ تم واپس نہ آؤ۔ کیونکہ تمہاری دوری اور مایوسی کلثوم کے زخموں کو بھر دے گی اور میں اس کو کسی دوسرے مرد کی طرف راغب کر سکوں گا۔"

حمید نے گھوڑے کو ایڑ لگاتے ہوئے کہا۔ "اچھا جناب خدا حافظ۔"

عثمان علی غصے میں بولا۔ "عجیب جنگلی ہے یہ نوجوان بھی، ذرا سی بھی تہذیب نہیں۔"

O

حمید جونپور گیا، وہاں سے شیرخان کی بابت معلوم کیا تو پتہ چلا کہ وہ مانک پور جنید برلاس کے پاس گیا ہوا ہے۔ جنید برلاس مغل فرماں روا بابر کے وزیر خواجہ نظام الدین کا چھوٹا بھائی اور کڑہ مانک پور کا حاکم تھا۔ ان دنوں شیر خان جنید برلاس کا مہمان تھا اور وہ اس مغل حاکم سے اپنے علاقوں کی واپسی کے لئے فوجی مدد مانگ رہا تھا۔ رسمی سی درخواست پر شیر خان کو فوجی مدد مل گئی۔ ان دنوں ملکی سیاست کی بساط پر شاطر اپنی اپنی چالیں چلنے میں مشغول تھے۔ مغل قدیم جاگیرداروں کے چپقلش سے خوش تھے۔ انہیں حلیفوں کی تلاش تھی۔ چنانچہ جب شیر خان جنید برلاس کا حلیف بن گیا تو اسے فوجی مدد فراہم کردی گئی۔ شیر خان اپنی اس فوج کے ساتھ خواص پور، ٹانڈہ اور سہسرام واپس آرہا تھا۔ اسی عالم میں حمید اس سے دوبارہ ملا۔ شیر خان اس سے نہایت سرد مہری سے ملا کیونکہ اسے حمید پر اعتبار نہیں تھا۔ حمید نے اسے یقین دلانا چاہا۔ "میں نے محمد خان کی ملازمت چھوڑ دی ہے۔ میں شیر خان تمہارے ساتھ رہنا چاہتا ہوں۔"

شیر خان نے جواب دیا۔ "تو میرے ساتھ رہ، لیکن خبردار جو دغا و فریب سے کام لیا۔"

حمید نے قرآن پر ہاتھ رکھ کر قسم کھائی۔ "اگر تمہارے ساتھ میں فریب کروں تو مجھ پر اللہ کے کلام کی مار پڑے۔"

شیر خان نے حمید کو اپنے ساتھ لے لیا۔ وہ اپنی فوج کے ساتھ محمد خان کے علاقے پر حملہ آور ہو گیا۔ محمد خان شکست کھا کر بھاگ کھڑا ہوا۔ اس کے بعد شیر خان اپنے علاقوں کی طرف بڑھا اور سابے بھائیوں کو شکست دے کر ان پر دوبارہ قابض ہو گیا۔ حمید شیر خان کی فوج کے ساتھ کلثوم کے مکان کے سامنے سے گزرا۔ اس کا جی چاہا کہ ان لوگوں سے ملتا چلے لیکن وہ نہیں گیا۔ اور سہسرام چلا گیا۔

شیر خان نے جنید برلاس کے سپاہیوں کو انعام و اکرام دے کر ان سب کے دل موہ لئے۔

شیر خان کے عزائم ہی کچھ اور تھے، اس نے حمید پر کڑی نظر رکھی تھی اور اب وہ اس پر کسی حد تک اعتماد کرنے لگا تھا۔

ایک دن اس نے کہا۔ "حمید! اگر تو میرا ساتھ دینا چاہتا ہے تو میرے ساتھ چل، میں آگرے بابر کے دربار تک جانا چاہتا ہوں۔"

حمید نے جواب دیا۔ "میں آپ کے ساتھ چلوں گا۔"

اب حمید کے دل میں شیر خان کے لئے کچھ زیادہ ہی احترام پیدا ہو گیا تھا اور وہ "تم"

سے "آپ" کہنے لگا تھا۔

آگرے جانے سے پہلے شیر خان نے جونپور کے حاکم محمد خان کو اس کی جاگیر یہ کہہ کر واپس کردی کہ میرا آپ سے کوئی جھگڑا نہیں، میں آپ کو اب بھی اپنا چچا سمجھتا ہوں، میرا جھگڑا تو میرے بھائیوں سے تھا جو ختم ہو گیا۔

محمد خان نے شیر خان کا شکریہ ادا کیا اور اپنی جاگیر کا انتظام اپنے بھائی نظام کے سپرد کر دیا۔ اور خود جنید برلاس کے ساتھ آگرے روانہ ہو گیا۔ اس سفر میں حمید اس کے ساتھ تھا۔ شیر خان نے حمید سے سرگوشی میں کہا۔ "ذرا مغلوں کے نظم و نسق پر نظریں رکھنا، کیونکہ یہ مشاہدہ ہمارے کام آئے گا۔"

جنید برلاس نے شیر خان کا بابر سے تعارف کرایا تو بابر شیر خان سے رسمًا پیش آیا۔ وہ کئی دن تک بابر کے پاس آتا جاتا رہا۔ شیر خان کی تیز طراز نظریں مغلوں کے نظم و نسق میں وہ شگاف دیکھنے میں کامیاب ہو گئی تھیں جو ملازمین اور منصب داروں نے رشوتوں کے لین دین سے پیدا کر رکھا تھا۔ شیر خان نے حمید سے کہا۔ "مغل بادشاہ اپنے امراء اور مصاحبین پر اتنا زیادہ اعتماد کرنے لگا ہے کہ وہ رشوت کے کاروبار کو نظر انداز کرتا جا رہا ہے۔"

حمید نے جواب دیا۔ "لیکن شیر خان! بابر فاتح ہے وہ اپنے ساتھیوں کے ساتھ اس لئے نرمی اور مروت سے پیش آرہا ہے کہ انہی کی مدد اور کوششوں سے ہندوستان کا بادشاہ بنا ہے۔"

شیر خان نے کہا۔ "حمید! اگر میرے ہم قوم میرا ساتھ دیں دیں تو میں مغلوں کو ہندوستان سے باہر کردوں۔"

حمید کو شیر خان کی بات پر یقین نہیں آیا وہ اسے شیر خان کی خوش فہمی سمجھنے لگا۔

شیر خان کی نگاہیں بابر اور اس کے رفقائے کار کا جائزہ لے رہی تھیں۔ اس نے اس دربار میں بابر کے جانشیں ہمایوں کو بھی دیکھا۔ ہمایوں کی شخصیت شیر خان کو ذرا بھی متاثر نہ کر سکی۔

جنید برلاس شیر خان پر بہت زیادہ مہربان تھا۔ وہ شیر خان کو شاہی دسترخوان پر لے گیا بابر کے دسترخوان پر امراء اور معززین مؤدب بیٹھے تھے۔ شیر خان محفل میں داخل ہوا۔ اور ادھر ادھر اپنے لئے نشست تلاش کرنے لگا۔ بابر کے قریب جگہ خالی تھی۔ شیر خان وہیں بیٹھ گیا۔ بابر کو شیر خان کی جرأت دیکھ کر حیرت ہوئی اس نے جنید برلاس سے ترکی زبان میں کہا "مجھے اس نوجوان میں فتنہ و فساد کی بو محسوس ہوتی ہے۔"

جنید برلاس نے جواب دیا۔ "یہ ہمارا دوست ہے اور اس کی وجہ سے بہت سارے پٹھان اس کی بے حد عزت و تکریم کرتے ہیں اس لئے اس میں بلا کی خود اعتمادی پیدا ہو گئی ہے۔"

دسترخوان پر انواع واقسام کے کھانے لگے ہوئے تھے۔ کھانے کا آغاز ہوا شیرخان نے نہایت بے باکی اور بے تکلفی سے کھانا کھانا شروع کر دیا۔ شیرخان سے ذرا دور بابر کے قریب ماہیچہ کی قاب رکھی ہوئی تھی۔ شیرخان کی نظریں بار بار ماہیچہ پر پڑ رہی تھیں۔ وہ اس قاب میں سے کچھ نکال کر کھانا چاہتا تھا۔ آخر اس نے اپنی کمر سے خنجر نکالا اور اس سے ماہیچہ کے چند ٹکڑے کئے اور خنجر کی نوک ہی سے انہیں کھانے لگا۔

بابر اس کی اس حرکت کو نہایت غور سے دیکھ رہا تھا۔ اسے شیرخان کی ادا پسند آئی۔ جنید برلاس کو ایک بار پھر مخاطب کیا۔ "جنید! اس کے انداز شاہانہ ہیں۔ یہ شخص کبھی نہ کبھی سلطنت مغلیہ کے لئے مصیبت ثابت ہوگا۔"

جنید برلاس نے جواب دیا۔ "بیشک اس افغان میں غیر معمولی اوصاف پائے جاتے ہیں۔"

بابر نے کہا۔ "یہ میرے بعد ہمایوں مرزا کے لئے مصیبت بن جائے گا۔ کیوں نہ اسے قید کر لیا جائے۔"

جنید برلاس نے بادشاہ کی خواہش سے اختلاف کیا۔ "حضور والا! اگر اس افغان کو قید کر لیا گیا تو افغانوں کا مغلوں پر سے اعتماد اٹھ جائے گا اور وہ دربار میں آنا جانا چھوڑ دیں گے۔"

بابر نے کہا۔ "تب پھر اس افغان پر نظر رکھی جائے۔"

جنید برلاس نے اس کا وعدہ کر لیا۔ شیرخان کھانے میں مشغول تھا۔ وہ دونوں کی باتیں بغور سنتا رہا۔ چونکہ اسے ترکی نہیں آتی تھی اس لئے وہ ان دونوں کی باتوں کا لفظاً اور معناً مطلب تو نہیں سمجھ سکا لیکن انداز اور قیاس سے یہ ضرور سمجھ لیا کہ بابر اور جنید برلاس اس کی بابت کچھ ناخوشگوار باتیں کر رہے ہیں۔

شیرخان کی تیز قوت فیصلہ اپنا کام کر چکی تھی۔ وہ باہر نکلا تو اپنی قیام گاہ پر نہیں گیا۔ حمید کو لے کر فوراً سہسرام روانہ ہوگیا۔ حمید پریشان تھا کہ وہ آگرہ چھوڑنے میں اتنی عجلت کیوں کر رہا ہے اس نے پوچھا۔ "محترم شیرخان! یہ کیا ہو رہا ہے؟"

شیرخان نے جواب دیا۔ "میں محسوس کر رہا ہوں کہ بابر کی نیت ٹھیک نہیں ہے۔"

حمید نے پوچھا۔ "کیا بابر نے آپ کی بے عزتی کی ہے؟"

شیرخان نے جواب دیا۔ "ایسی کوئی بات نہیں، مگر میری کوئی حس مجھے کسی خطرے کا احساس دلا رہی ہے۔"

حمید چپ ہو گیا مگر اسے یقین تھا کہ شیرخان جو کچھ کہہ رہا ہے اس میں جھوٹ شامل نہیں ہوگا۔ واپسی میں اس نے جنید برلاس کو ایک خط کے ذریعے مطلع کر دیا۔

"میں — اپنی جاگیر پر واپس جا رہا ہوں۔"

سہسرام پہنچ کر شیر خان نے اپنی مہم تیز کر دی اور اپنی فتوحات کی حدود بڑھانے لگا۔ اسی دوران شیر خان نے سنا کہ چنار کا حاکم قتل کر دیا گیا۔ شیر خان کو اس خبر نے چونکنا اور ہوشیار کر دیا اس نے عالم خیال میں دیکھا کہ چنار کی ملکہ لاڈو اس کی طرف دست شوق بڑھا رہی ہے لیکن درمیان میں کچھ حاسد اس کی مخالفت کر رہے ہیں۔ شیر خان بیوہ ملکہ لاڈو کے پاس تعزیت کرنے گیا تو امرا نے اس کی نگرانی شروع کر دی۔

ملکہ لاڈو نے پردے کے پیچھے سے شیر خان کو دیکھنا چاہا مگر نہیں دیکھ سکی۔

شیر خان نے سوگوار لہجے میں کہا۔" محترم خاتون! مجھے بہت افسوس ہے کہ آپ کے شوہر کا قتل کر دیا گیا۔"

ملکہ لاڈو نے کہا۔" شیر خان! میں تیرا انتظار کر رہی تھی، خدا کا شکر ہے کہ تو آگیا۔" اس کے بعد اس نے اپنے روبرو کھڑے ہوئے ایک امیر کی طرف اشارہ کرتے ہوئے کہا۔" لوگوں کے چہرے تو کسی اور طرف ہوتے ہیں مگر کان ہماری طرف۔ پاگلوں، احمقوں کی طرح۔ بس۔"

شیر خان نے کہا۔" آپ نے درست فرمایا۔ میں تائید کرتا ہوں۔"

ملکہ لاڈو نے کھڑے ہوئے امیر کی طرف اشارے کرتے ہوئے کہا۔" یہ شخص جو بظاہر ایک ساکت اور بے جان بت کی طرح کھڑا ہے، دوسرے امرا کا مخبر ہے۔"

شیر خان نے جواب دیا۔" ملکہ عالیہ میں آپ کی مدد کرنا چاہتا ہوں۔"

ملکہ لاڈو نے کہا۔" میں یہی چاہتی ہوں کہ تو میری مدد کرے۔" پھر پوچھا" کیا تو میری وہی مدد سکتا ہے جس کی میں طالب ہوں؟"

شیر خان نے عرض کیا۔" آپ کہہ کر تو دیکھیں میں آپ کی ہر طرح کی مدد کرنے کو تیار ہوں۔"

ملکہ لاڈو شوخی سے مسکرا رہی تھی، بولی" شیر خان! ایک بار پھر سوچ لے کہیں مکر نہ جانا۔"

شیر خان نے ساکت و صامت امیر کی طرف دیکھا وہ آہستہ آہستہ حرکت کرنے لگا تھا یہاں تک کہ جب ملکہ لاڈو نے شیر خان کے کان سے اپنا منہ لگا دیا تو امیر بیٹ کر ان دونوں کی طرف دیکھنے لگا تھا۔

ملکہ لاڈو کہہ رہی تھی۔" میں تجھ سے شادی کرنا چاہتی ہوں تاکہ تو چنار کا نظم و نسق سنبھال سکے۔"

امیر ان دونوں کی باتیں سننے کی کوشش کر رہا تھا مگر آخری باتیں نہیں سن سکا۔

شیر خان نے ملکہ لاڈو سے جو کچھ سنا تھا وہ بہت حیرت انگیز تھا کیوں نہ اس پر غور کرنے سے پہلے اس امیر کو بے بس اور قید کر دیا جائے۔ وہ اپنی جگہ سے اٹھا اور امیر کو گریبان سے پکڑ لیا۔" تو یہاں کیوں کھڑا ہے؟"

امیر نے جواب دیا۔ "میں ملکہ کا تابع فرمان ہوں محض ملکہ کی خوشنودیٔ طبع کی خاطر کھڑا رہتا ہوں۔"

شیر خان نے اس کو بے بس کر کے ایک کمرے میں قید کر دیا۔ "میرا خیال ہے تو کھڑے کھڑے بہت زیادہ تھک چکا ہے، اب چند دن آرام کر۔"

ملکہ لاڈو شیر خان کی باتوں سے بہت خوش ہوئی۔ اس نے کہا۔ "تو شیر خان میں یہ کہہ رہی تھی کہ چنار کا نظم و نسق چلانا میرے بس کی بات نہیں ہے میں تجھ سے شادی کر کے اس کا نظم و نسق تیرے حوالے کر دینا چاہتی ہوں۔"

شیر خان نے دبی زبان میں پوچھا۔ "اگر میں انکار کر دوں تو؟"

ملکہ لاڈو نے جواب دیا۔ "تب میں تجھے بے وقوف سمجھوں گی۔ اور چنار کی حکومت کسی اور کے ہاتھ چلی جائے گی۔"

شیر خان مسکرایا۔ "لیکن میں بے وقوف نہیں ہوں۔ میں اس شرط پر آپ سے شادی کر سکتا ہوں کہ آپ آئندہ نظم و نسقِ سلطنت میں کسی قسم کی دخل اندازی نہیں کریں گی۔"

ملکہ لاڈو نے اس کا وعدہ کر لیا۔

ملکہ نے اسی وقت قاضی کو طلب کر لیا۔ وہ محل ہی میں موجود تھا۔ وہ شیر خان جو بیوہ ملکہ لاڈو کی مزاج پرسی اور تعزیت کے لئے آیا تھا ملکہ کا شوہر بن گیا اور خوش طالع نے اسے چنار کا حاکم بنا دیا۔ چنار کا قلعہ اپنی مضبوطی کے لئے بہت مشہور تھا اور اب وہ ایک مضبوط سور پٹھان کے قبضے میں جا چکا تھا۔

شیر خان نے حمید کو چنار کے قلعے میں بلا لیا۔ حمید نے یہاں جو کچھ دیکھا وہ اس کی سمجھ میں نہیں آ رہا تھا لیکن جب اسے سب کچھ معلوم ہو گیا تو اسے بھی ایک خطرے کی پیش گوئی کی۔ "محترم شیر خان مغل حکومت آپ کو چنار کا حکمران نہیں تسلیم کرے گی۔"

شیر خان نے پوچھا۔ "کیوں؟"

حمید نے جواب دیا۔ "چنار کا حکمران مغل حکومت کا نمائندہ ہوتا ہے، اب جب کہ اس کا نامزد حکمران مر چکا ہے وہ مرحوم کی جگہ اپنا حاکم نامزد کرے گی۔"

اب شیر خان نے تیوری کچھ اور چڑھائی۔ اس نے کہا۔ "میں خوب جانتا ہوں کہ مغلوں سے کس طرح نمٹا جائے۔ میں مغلوں سے پنجہ آزمائی کروں گا اور انہیں باور کراؤں گا کہ حکومت اس کی ہوتی ہے جس کے دست و بازو میں اسے سنبھالنے کی قوت ہوتی ہے۔"

حمید اس وقت بہت خوش تھا اس نے شیر خان کی بابت جو رائے قائم کی تھی وہ ہو بہو وہی ہوتا جا رہا تھا

○

آگرے میں بابر کا انتقال ہو چکا تھا۔ اس کی لاش کو بابر کی وصیت کے مطابق کابل کے نخلستان کے سائے میں دفن کی خاطر روانہ کیا جا چکا تھا۔ کاروبار سلطنت ہمایوں نے سنبھال لیا۔ نصیرالدین ہمایوں نے۔ شیر خان حیران تھا کہ یہ کمزور شخص پورے ہند کے اقتدار کو کس طرح سنبھالے گا۔ شیر خان کی تیز اور دوررس نظریں حالات کا جائزہ لے رہی تھیں، وہ موقع کی تلاش میں تھا جب وہ ہمایوں پر کاری ضرب لگائے گا۔

حمید اس شاطر، چالاک اور عقلمند افغان کے حوصلے اور حسن تدبیر کی داد دے رہا تھا۔ اب شیر خان اس پر اعتبار کرنے لگا تھا۔ جب شیر خان چنار کا حکمران بن گیا تو حمید کی حیثیت میں بھی فرق آ گیا۔ وہ خوش تھا کہ اس نے شیر خان کی بابت جو سوچا تھا، جو اندازہ لگایا تھا وہ حرف بحرف پورا ہوتا جا رہا تھا، اب جب کہ اس کی حیثیت غیر معمولی ہو گئی تھی، اسے کلثوم یاد آ رہی تھی۔ اس کا جی چاہ رہا تھا کہ وہ اُڑ کر کلثوم کے پاس پہنچ جائے لیکن جب اسے عثمان علی یاد آتا تو اس کا دل بجھ جاتا۔

جب شیر خان اس کے پاس ہی کہیں ہوتا تو اسے عثمان علی کی قتل والی شرط یاد آ جاتی اور وہ کانپ جاتا۔ وہ سوچتا اتنے عظیم انسان کو کس طرح قتل کیا جا سکتا ہے۔ ایسے موقعوں پر حمید بہت اداس ہو جاتا۔ وہ اکثر آنسو بہاتا رہتا۔ خود شیر خان نے بھی کئی بار اس کو روتے ہوئے دیکھ لیا تھا۔ شیر خان سوچتا، شاید حمید کو اپنا خاندان اور خاندان کے مردہ لوگ یاد آتے ہیں۔ اور اس کی آنکھیں بھیگ جاتی ہیں۔

شیر خان نے ایک دن قصداً اس کے خاندان کا ذکر چھیڑ دیا پوچھا۔ "حمید! کیا یہ سچ ہے کہ تیرے خاندان میں، یعنی تو اپنے خاندان کا واحد زندہ فرد ہے؟"

حمید نے جواب دیا۔ "محترم شیر خان! میں نے کبھی آپ سے جھوٹ نہیں بولا۔"

شیر خان کو اپنا غافل اور لاپروا باپ حسن اور سخت گیر سوتیلی ماں یاد آ گئی، ایک سرد آہ بھر کر بولا۔ "دوست! مجھ کو تو یہی غم کھائے جا رہا ہے کہ تیرا خاندان تباہ و برباد ہو چکا ہے لیکن میری طرف دیکھ، میری بپتا سُن، میرا تو باپ بھی موجود تھا۔ میں اس کی موجودگی میں دربدر کی ٹھوکریں کھاتا رہا۔ میری ایک سوتیلی ماں تھی جو میرے وجود کو اپنے گھر میں نہیں برداشت کر سکتی تھی۔"

حمید نے کہا۔ "آپ پھر بھی خوش قسمت ہیں اور ایک میں ہی کیا، زمانہ دیکھ رہا ہے کہ خوش قسمتی نے آپ کی انگلی پکڑ لی ہے اور آپ اپنی مطلوبہ منزل کی طرف چل پڑے ہیں مگر میں... میں، بدقسمتی اب بھی میرے ساتھ ہے۔"

نصف رات بیت چکی تھی۔ ملکہ لاڈو اندر انتظار کر رہی تھی۔ لیکن حمید کی پُرسوز باتوں نے اسے روک رکھا تھا۔ باتیں کرتے کرتے شیر خان کی آنکھیں لگ گئیں، وہ سو گیا، حمید اس کے

پاس بیٹھ گیا پہلے تو اس نے یہ کوشش کی کہ جب تک شیر خان سوتا رہے وہ اس کے پاس بیٹھے اس کی حفاظت کرتا رہے لیکن یہاں اچانک اسے عثمان علی یاد آ گیا۔ عثمان علی، کلثوم، اس کی ماں اور اس کا بیٹا ابراہیم اور ننھی سی زینب۔ اس نے اپنی آنکھیں بند کر لیں، اس نے دیکھا عثمان علی اس کے سامنے کھڑا اسے لعنت ملامت کر رہا ہے اور کہہ رہا ہے۔ "او احمق نوجوان! کس بات کی دیر ہے، شیر خان تیرے سامنے آنکھیں بند کئے پڑا ہے آگے بڑھ اور ایک ہی وار میں اس کا کام تمام کر دے اور میں تجھ سے وعدہ کرتا ہوں کہ اگر تو شیر خان کو قتل کر دے تو کلثوم کا ہاتھ تیرے ہاتھ میں دے دیا جائے گا۔"

حمید گھبرا گیا، اس نے گھبرا کر آنکھیں کھول دیں اور شیر خان کے سوئے ہوئے چہرے پر نظریں گاڑ دیں۔

جب بات قابو سے باہر ہو گئی تو وہ شیر خان کے پاس سے اٹھ گیا۔ اور کھڑکی سے دور۔ کوہستانی سلسلوں کا مشاہدہ کرنے لگا۔ وہ پہاڑیوں پر لگے ہوئے درختوں اور سبزے میں چھپے ہوئے پتھروں کے حسن میں کھو گیا لیکن عثمان علی بلائے بے درماں کی طرح یہاں بھی آ گیا اور پوچھا۔

"تب پھر تو نے کیا فیصلہ کیا؟ کیا کلثوم کو کسی اور سے بیاہ دیا جائے؟"

حمید کے منہ سے بے اختیار نکل گیا۔ "چچا عثمان علی! ذرا انتظار کیجئے؟"

پھر اس نے ماں کو دیکھا۔ ماں قہر آلود نظروں سے سامنے کھڑی کلثوم کو ڈانٹ رہی تھی۔

"لڑکی! یہ تو نے کیا کیا، کہ زندگی بھر انتظار کرنے کا بیہودہ وعدہ کر لیا۔"

اس نے چشم تصور ہی سے دیکھا، کلثوم کہہ رہی تھی۔ "ماں! میں حمید کا انتظار کروں گی سفید بالوں تک۔"

حمید کو ایسا لگا گویا وہ کلثوم پر بڑا ظلم کر رہا ہے۔ معلوم نہیں کس طرح اس کا دماغ جو بہکا تو وہ غیر ارادی طور پر ایک بار پھر شیر خان کے سرہانے کھڑے ہو کر سوچنے لگا اس نے شیر خان سے کہا۔ "شیر خان! میرے دوست! میں تجھے کس طرح مار سکتا ہوں میں تو مارنا ایک طرف میں تو ایسا سوچ بھی نہیں سکتا۔"

حمید نے دیکھا۔ شیر خان اچانک بیدار ہو چکا ہے۔ شیر خان نے حمید کی آنکھوں میں آنکھیں ڈال دیں، پوچھا! کیا بات ہے تو رو کیوں رہا ہے؟"

حمید نے بات بنانے کی کوشش کی۔ "کوئی خاص بات نہیں محترم شیر خان!"

شیر خان نے پوچھا۔ "پھر تو رو کیوں رہا ہے۔؟"

حمید نے اپنا منہ چھپا لیا۔ "کوئی خاص بات نہیں شیر خان!"

شیر خان نے اس سے کہا۔ "حمید خان! کیا تو یہ سمجھ رہا ہے کہ میں سو گیا تھا؟ نہیں میں سویا

نہیں تھا، میں نے اپنی ادھ کھلی آنکھوں سے تجھ کو کچھ عجیب و غریب کیفیات میں مبتلا دیکھا ہے، تو بڑبڑا بھی رہا تھا کیا میں پوچھ سکتا ہوں کہ آخر یہ سب کیا ہے اور تو کیا چاہتا ہے؟"

حمید نے جب یہ دیکھا کہ بات کو چھپایا نہیں جاسکتا تو گھبرا کر جواب دیا۔ "خان محترم! ہم لوگ آپ سے کیا چھپائیں، میں آپ سے کچھ چھپانا بھی چاہوں تب بھی نہیں چھپا سکتا۔ خان محترم! میں نے ایک لڑکی سے محبت کی ہے۔ لڑکی کے چچا نے شادی کے سلسلے میں ایک شرط لگائی ہے جسے میں کسی صورت پورا نہیں کرسکتا۔"

شیر خان نے پوچھا۔ "وہ شرط کیا ہے؟"

حمید نے جواب دیا۔ "افسوس یہ ایک راز کی بات ہے جسے میں نہیں بتا سکتا۔"

شیر خان نے کہا۔ "میں اس شرط کو جاننے کے لئے اصرار نہیں کروں گا تو میری ایک بات ہمیشہ یاد رکھے گا، جنگ اور محبت میں سب کچھ جائز ہوتا ہے۔"

حمید چونک پڑا، بولا "جنگ اور محبت میں سب کچھ جائز ہے۔ کیا یہ آپ کا قول ہے؟"

شیر خان نے جواب دیا۔ "ہاں میرا اپنا قول ہے۔"

حمید نے کچھ سوچتے ہوئے پوچھا۔ "محترم شیر خان! میں آپ کو بتا چکا ہوں کہ میرا تعلق حکمراں لودھی خاندان سے ہے۔ میں ابراہیم لودھی کا بھتیجا ہوں اور اپنی اس خاندانی برتری اور وجاہت کی وجہ سے میں خود کو آپ کی صحبت کے شایانِ شان سمجھتا ہوں..."

شیر خان نے حمید کی بات کاٹ دی، بولا۔ "بات مختصر کر حمید لودھی! کام زیادہ ہیں اور وقت کم۔"

حمید نے نادم ہو کر پوچھا۔ "محترم شیر خان! میں یہ جاننا چاہتا ہوں کہ جب آپ کے والدِ مرحوم نے آپ کو اپنی جاگیر کا داروغہ بنایا تھا تو آپ نے اپنی جاگیر کے بعض شقہ داروں پر ظلم و زیادتی کی تھی، ان کے خلاف فوج کشی کی تھی اور ان میں سے بعض کو قتل اور کچھ کو زخمی کر دیا تھا۔"

شیر خان نے حمید کو بغور دیکھا، جواب دیا۔ "ہاں میں نے ایسا کیا تھا۔ انھوں نے میرے خلاف بغاوت کی تھی، وہ خود مختار ہو گئے تھے، ان میں ایک شخص تھا عنایت علی۔ یہ ان سرکشوں کا امیر تھا۔ وہ میرے مقابلے پر آیا اور مارا گیا۔ میں نے اس کی زمین اس کی بیوہ کے پاس رہنے دی۔ میرا خیال ہے کہ عنایت علی کا ایک بھائی عثمان علی بھی تھا۔ عنایت علی کے بعد شاید وہی اس کنبے کا سربراہ بن گیا تھا۔"

حمید اندر سے لرز رہا تھا، اس نے پوچھا۔ "کیا وہ لوگ آپ سے خوش ہوں گے؟"

شیر خان نے جواب دیا۔ "میں خوشی اور ناخوشی کی پروا نہیں کرتا۔ میں نے جو کچھ کیا تھا میرا

ضمیر آج تک مطمئن ہے اور پھر زمانے بھر کو خوش وہی شخص رکھ سکتا ہے جو منافق ہو یا ظالم و جابر۔"

حمید چپ ہو گیا۔ پھر موضوع ہی بدل دیا۔ "محترم شیر خان! کیا یہ صحیح ہے کہ ہمایوں ہم پر فوج کشی کرنے والا ہے؟"

شیر خان نے کہا۔ "موضوع نہ بدل، تو نے جس لڑکی سے محبت کی ہے اس کے چچا نے کیا شرط لگا دی ہے؟"

حمید نے لاپروائی سے جواب دیا۔ "وہ کہتا ہے کہ میں اس کی زمینوں کی دیکھ بھال کروں وہ جنگ و جدل سے نفرت کرتا ہے وہ سپاہیوں کو خونی اور قاتل کہتا ہے۔"

شیر خان نے کہا۔ "یہ تو بڑی بے ہودہ شرط ہے اس کی۔"

حمید نے کہا۔ "اس کی اس بے ہودہ شرط ہی نے تو مجھے پریشان کر رکھا ہے۔"

شیر خان نے پوچھا۔ "لڑکی سے جدا ہوئے کتنے سال ہو گئے؟"

حمید نے جواب دیا۔ "تقریباً ساڑھے تین سال۔"

شیر خان نے کہا۔ "میں نے انتہائی پریشانی اور مایوسی کی حالت میں قرآن پاک سے ایک فال نکالی تھی اس وقت میرے خدا نے میرے سامنے سورۃ الزمر کی یہ آیت کر دی تھی لا تقنطوا من رحمۃ اللہ۔ اس آیت نے میرے حوصلے بلند کر دیئے اور میں نے اب تک جتنا بھی عروج حاصل کیا ہے اس کے پیچھے یہی آیت کارفرما ہے۔"

حمید نے کئی بار اس آیت کا ورد کیا اور ایک نیا ولولہ اور ایک نیا حوصلہ محسوس کرنے لگا۔

ہمایوں کو شیر خان کے عزائم سے بغاوت کی بو محسوس ہو رہی تھی۔ اس نے شیر خان کو حکم دیا کہ وہ چنار کی حکومت حامل ہذا میر ہندو بیگ کے حوالے کر دے۔

شیر خان نے انکار کر دیا۔ میر ہندو بیگ ہمایوں کے پاس واپس چلا گیا اور شیر خان کے جواب سے آگاہ کر دیا۔ اب بات ہمایوں کے لئے ناقابل برداشت ہو چکی تھی۔ ہمایوں ایک لاکھ فوج لے کر چنار کی طرف روانہ ہو گیا۔ شیر خان کو ہمایونی یلغار کی اطلاع مل چکی تھی۔ وہ پانچ ہزار فوج کے ساتھ قلعے سے نکلا اور چوسا نامی مقام پر دریائے گنگا کے جنوبی کنارے پر خیمہ زن ہو گیا۔ ان دنوں بارشیں بہت زیادہ ہو رہی تھیں۔ ہمایوں کا لشکر کیچڑ اور ندی نالوں کو عبور کرتا ہوا دریائے گنگا کے شمالی کنارے پر خیمے نصب کرنے لگا۔ دونوں لشکر آمنے سامنے ایک دوسرے کو دیکھ رہے تھے۔

شیر خان نے ہمایوں کی ٹڈی دل لشکر کو دیکھتے ہوئے اپنی حفاظت کے لئے خندق کھودنا

شروع کر دی۔ اس کام میں اس کے ساتھی بھی ہاتھ بٹا رہے تھے۔ شیر خان نے پھاوڑا سنبھالا، اور مزدوروں کی طرح خندق کھودنے لگا۔ حمید نے بھی اس کا ساتھ دیا۔

دوسری طرف ہمایوں نے اپنا خیمہ ایک اونچی جگہ نصب کرایا اور پل سازی کے ماہرین کو حکم دیا کہ پل تعمیر کریں۔ اسی دوران ہمایوں نے ملا محمد عزیز نامی ایک شخص کو اپنا قاصد بنا کے شیر خان کے پاس روانہ کیا۔ ملا محمد عزیز کسی زمانے میں شیر خان کا دوست رہ چکا تھا۔ جب وہ شیر خانی لشکر میں داخل ہوا تو اس نے دیکھا شیر خان شدید گرمی میں آستینیں چڑھائے خندق کھودنے میں مصروف ہے۔

شیر خاں کو اس کے آدمیوں نے ملا عزیز کی آمد کی خبر دی، تو وہ خندق سے باہر نکلا، پانی منگوا کر ہاتھ دھویا اور حکم دیا کہ اس جگہ شامیانہ نصب کیا جائے۔

شامیانہ لگ گیا تو شیر خان وہیں زمین پر بے تکلف بیٹھ گیا اور پوچھا "کہو کیسے آنا ہوا؟"

ملا عزیز نے جواب دیا۔" بادشاہ نے پوچھا ہے کہ شیر خان آخر کیا چاہتا ہے؟"

شیر خان نے کہا " جتنا مختصر بادشاہ کا سوال ہے اتنا ہی مختصر میرا جواب ہے۔ تم ہمایوں سے کہہ دینا کہ تم خود تو لڑنا چاہتے ہو مگر تمہارا لشکر نہیں لڑنا چاہتا۔ اسی طرح میں خود تو لڑنا نہیں چاہتا مگر میں کیا کروں میرا لشکر لڑنے پر مصر ہے۔"

ملا عزیز نے کہا " لیکن یہ بات میں بادشاہ سے کس طرح کہہ سکتا ہوں۔"

شیر خان نے کہا۔" کیوں، اس میں قباحت کیا ہے، تو بادشاہ کا قاصد ہے، بادشاہ نے میرے نام ایک پیغام تجھے دیا، تو نے مجھے پہنچا دیا۔ اب میں اس کا جواب دے رہا ہوں تو وہ بادشاہ کو پہنچا دے۔"

ملا عزیز نے عذر پیش کیا " شیر خان! آپ میرے دوست رہ چکے ہیں۔ اس لئے میں آپ سے بے تکلفانہ باتیں کر سکتا ہوں مگر بادشاہ تو بادشاہ ہے میں اس کا دوست کبھی نہیں رہا۔ پھر میں اس سے یہ کس طرح کہوں گا کہ شیر خان نے کہا ہے کہ بادشاہ خود تو لڑنا چاہتا ہے مگر اس کا لشکر نہیں لڑنا چاہتا ہے۔"

شیر خان مسکرانے لگا " نقلِ کفر کفر نہ باشد۔ بادشاہ کو اس کے حریف کا صاف صاف جواب پہنچا دینا عین دیانت داری ہے اور اگر بادشاہ میں اتنی اخلاقی جرأت بھی نہیں کہ وہ حقیقت اور سچائی کو تحمل و بردباری سے گوارا کرلے تو آخر کار، ایک نہ ایک دن اسے شاہی سے نیچے آنا پڑے گا۔"

ملا عزیز نے کہا۔" دوست آپ کی نصیحتیں اور عالمانہ باتیں اپنی جگہ۔ اب آپ مجھے یہ بتائیں کہ میں آپ کا جواب بادشاہ کے گوش گزار کس طرح کروں؟"

شیر خان نے مُلا عزیز کو بادام کا شربت پلایا اور اسے تسلیاں دینے لگا۔ "تو میرا دوست رہ چکا ہے اس لئے میں تیری یہ مشکل آسان کر دوں گا۔ میں تیرے ساتھ اپنا ایک آدمی کئے دیتا ہوں مجھے جو کچھ تیرے بادشاہ سے کہنا ہے میرا آدمی دلیری سے کہہ دے گا۔"

اس کے بعد شیر خان نے اپنے ایک آدمی کو حکم دیا۔ "شیخ خلیل کو حاضر کیا جائے۔"

کچھ دیر بعد ایک بزرگ کو شیر خان کی خدمت میں حاضر کر دیا گیا۔ شیر خان نے ان بزرگ کی طرف اشارہ کرتے ہوئے کہا۔ "ملا عزیز! یہ بزرگ شیخ خلیل بابا فرید گنج شکر کی اولاد میں سے ہیں۔ انہیں خدا نے بڑی جرأت اور دلیری بخشی ہے۔"

شیر خان شیخ خلیل کو ایک طرف لے گیا اور انہیں کچھ سمجھاتا رہا۔ پھر انہیں ملا عزیز کے ساتھ ہمایوں کے پاس روانہ کر دیا۔

شیخ خلیل نے ہمایوں کو صاف صاف بتا دیا۔ "جناب والا! شیر خان میرا اولی نعمت بنگالے کے سوا کسی اور علاقے سے سروکار نہیں رکھنا چاہتا۔ وہاں بھی خطبہ اور سکہ بادشاہ کے نام ہی کا برقرار رکھا جائے گا۔ اس عہد کے لئے شیر خان قسم کھانے کے لئے بھی تیار ہے۔"

بادشاہ نے پوچھا۔ "کیا شیر خان واقعی جنگ نہیں چاہتا؟"

شیخ خلیل نے جواب دیا۔ "بے شک شیر خان جنگ سے نفرت کرتا ہے۔"

بادشاہ نے کہا۔ "میں خود بھی جنگ سے نفرت کرتا ہوں کیوں کہ جنگ جانوں کو ہلاک، املاک کو برباد، خاندانوں کو نابود اور منتشر اور کاروبار کو تہہ و بالا کر دیتی ہے۔ اگر شیر خان بنگالے پر اس طرح قابض رہنا چاہتا ہے کہ وہاں خطبہ اور سکہ میرے نام کا رہے گا تو مجھے اس کی یہ شرط منظور ہے۔"

شیخ خلیل نے پوچھا۔ "پھر میں اپنے ولی نعمت سے کیا کہہ دوں؟"

بادشاہ نے جواب دیا۔ "شیر خان سے کہہ دیجئے کہ مجھے اس کی یہ بات پسند آئی۔ وہ بنگالے پر مغل سلطنت کے نمائندے کی حیثیت سے حکومت کرے اور وہاں سکہ اور خطبہ میرے ہی نام کا برقرار رہے۔ میں خوش میرا خدا خوش۔"

ہمایوں جنگ سے تنگ آیا ہوا تھا اس نے شیر خان کی بات مان لی تھی، وہ مطمئن ہو چکا تھا۔ جب شیخ خلیل نے بادشاہ کی رضامندی کی خوش خبری شیر خان کو سنائی تو حمید نے پوچھا "محترم شیر خان! کیا جنگ کے بادل چھٹ گئے، کیا آپ دونوں میں صلح ہو گئی ہے؟"

شیر خان مسکرایا۔ بولا۔ "جنگ اور محبت میں سب کچھ جائز ہے۔"

○

رات کا پہر، دریا کی طرف سے سائیں سائیں کی آواز آرہی تھی۔ مینڈکوں اور جھینگروں کی ملی جلی آوازوں نے رات کے سناٹے کو توڑ دیا تھا۔ اسی سناٹے میں شیرخان نے اپنی فوج کو تیار کیا اور پل کا عبور کر گیا شیرخان کا مشہور جرنیل خواص خاں فوج کے معتد بہ حصے کے ساتھ شبخون مارنے آگے بڑھا حمید شیرخان کے ساتھ تھا اور وہ شیرخان کی عہد شکنی سے خوش نہیں تھا۔

خواص خاں نے ہمایوں کے غافل اور سوئے ہوئے لشکر پر حملہ کر دیا۔ ہر طرف شور و غل برپا ہو گیا۔

ہمایوں سوتے سوتے بیدار ہو گیا، پوچھا "یہ شور و غل کیسا ہے؟"

بادشاہ کے خدمت گزاروں نے مطلع کیا "جہاں پناہ! شیرخان نے عہد شکنی کی ہے اور اس نے ہماری سپاہ پر شب خون مارا اور اس کے سپاہی حضور کی تلاش میں ہماری طرف بڑھے چلے آرہے ہیں۔"

ہمایوں گھبرا گیا، وہ اپنے بالائی خیمے میں منتقل ہو گیا۔ یہاں اس نے وضو کیا اور اپنے سرداروں سے کہا "میں وضو کر کے نماز پڑھوں گا اور اس دوران تم سب شیرخانی لشکر سے نبرد آزما ہو جاؤ۔"

مغل سپاہ افغانوں سے گتھم گتھا ہو چکی تھی چند سردار بادشاہ کے خیمے میں داخل ہوئے اور وہاں سے اس افواہ کی تصدیق کرنی چاہی کہ بادشاہ اپنی سپاہ کو افغانوں کے رحم و کرم پر چھوڑ کر کہیں فرار ہو چکا ہے۔ انہیں بادشاہ نشینی خیمے میں نہیں ملا تو انہیں بڑی مایوسی ہوئی ان کی ہمتیں جواب دے گئیں۔ ان کے پاؤں اکھڑ گئے۔ ایک بھگدڑ مچ گئی۔

شیرخان نے حکم دیا "پل کو توڑ دیا جائے۔"

"پل توڑ دیا گیا۔ شیرخان بادشاہ کو تلاش کرتا پھر رہا تھا۔ بادشاہ نے بوکھلاہٹ میں اپنا گھوڑا دریا میں ڈال دیا۔ گھوڑا دریا میں ڈبکیاں کھانے لگا۔ اسی عالم میں نظام نامی ایک شخص چمڑے کی مشک لئے بادشاہ کے پاس پہنچا اور اس مشک کے سہارے بادشاہ کو دوسرے کنارے پر پہنچا دیا، ہمایوں آگرے کی طرف بھاگا، شیرخان کے جرنیل خواص نے اس کا پیچھا کیا۔

ہمایوں آگرے سے فوج لے کر پھر پلٹا اور اس بار قنوج کے قریب معرکہ کارزار گرم ہوا۔ شیرخان نے پھر شکست دی۔ اور ہمایوں فرار ہو کر لاہور چلا گیا۔ شیرخان نے آگرے پر قبضہ کر لیا۔ اور ہمایوں نے شیرخان کے تعاقب کی خبر سنی تو لاہور بھی چھوڑ دیا اور سندھ کی طرف فرار ہو گیا۔

اب شیرخان شیرشاہ بن چکا تھا حمید کی خوشی کی انتہا نہ رہی وہ اب بھی شیرشاہ کے قریب تھا

لیکن شیر شاہ کی غیر معمولی مصروفیات نے دونوں کے درمیان ایک فاصلہ پیدا کر دیا تھا۔ اسی دوران ٹانڈے کا ایک شخص حمید کو تلاش کرتا ہوا آگرے پہنچا۔ اور اس نے حمید کو یہ منحوس خبر سنائی کہ کلثوم کی ماں کا انتقال ہو چکا ہے اور عثمان علی نے اپنی شرط یاد دلائی ہے۔

حمید کا دل زور زور سے دھڑکنے لگا، اس نے پوچھا: "کسی نے کوئی خط بھی دیا ہے۔ یا ساری باتیں زبانی ہی کہلا دی گئی ہیں؟"

اس شخص نے جواب دیا: "خط تو کسی نے بھی نہیں دیا لیکن وہ سب تمہارا بڑی بے چینی سے انتظار کر رہے ہیں۔"

حمید کا دل ٹانڈہ جانے کے لئے تڑپنے لگا۔ بولا: "میں عنقریب ٹانڈے جاؤں گا مگر میں شیر خاں کا انتظار کر رہا ہوں۔"

اس شخص نے حمید کے کان میں کہا: "میں یہاں ملازمت کی تلاش میں آیا ہوں کیا تم مجھے شیر خان کے ذاتی خدمت گاروں میں ملازمت دلوا سکتے ہو؟"

حمید کا ماتھا ٹھنکا، بولا: "نہیں، میں ایسا نہیں کر سکتا، اور یوں بھی شیر خان کسی پر اعتماد مشکل ہی کرتا ہے۔"

اس شخص نے کہا: "ٹھیک ہے پھر میں خود ہی کوشش کر لوں گا۔"

حمید نے اس کا دل ٹٹولا، پوچھا: "پھر تم واپس کب جاؤ گے؟"

اس نے جواب دیا: "کچھ پتہ نہیں، جب بھی میرا کام ہو جائے گا۔ میں چلا جاؤں گا۔"

حمید نے کہا: "تم جب بھی ٹانڈے واپس جانا، چچا عثمان علی سے کہہ دینا کہ اب وہ کلثوم کی شادی کسی سے بھی کر سکتے ہیں۔"

اس شخص کے چہرے پر رونق آ گئی، پوچھا: "تو کیا تم کلثوم سے دستبردار ہو گئے؟"

حمید نے جواب دیا: "ہاں کیونکہ میں اپنے آپ میں اتنی ہمت نہیں پاتا کہ چچا عثمان کی شرط پوری کر سکوں۔"

وہ ہنسنے لگا، بولا: "تو گویا انگور کھٹے ہیں۔"

حمید نے جواب دیا: "یہی سمجھ لو۔"

اس شخص نے حمید کے کاندھے پر بے تکلفی سے ہاتھ رکھ دیا، بولا: "دوست! تب پھر ایک کام کرو۔ جس کام کی تم اپنے آپ میں ہمت نہیں پاتے ہو، میں اس کے لئے خود کو مستعد اور اہل محسوس کر رہا ہوں تم نے کلثوم سے دستبرداری اختیار کی اور میں کلثوم کو ہر قیمت پر حاصل کرنا چاہتا ہوں۔ تم اگر چاہو تو میں اپنے مقصد میں کامیاب ہو سکتا ہوں۔"

حمید نے جواب دیا: "افسوس کہ میں وہ کام نہیں کر سکتا۔"

اس شخص نے کہا۔ "اچھا پھر تم خاموش رہو اور مجھے اپنا کام کرنے دو۔"

حمید نے افسوس کا اظہار کیا۔ "افسوس! ایک لڑکی کی محبت نے تجھے اتنا اندھا اور بہرہ کر دیا ہے کہ تو افغان قوم کے ایک مایہ ناز محسن کو قتل کر دینا چاہتا ہے۔ تونے یہ کس طرح سمجھ لیا کہ جو کام میں خود نہیں کرنا چاہتا تجھ کو کرنے دوں گا۔ اب تیری بہتری اسی میں ہے کہ تو یہاں سے چلا جا ورنہ میں تجھ کو گرفتار کرا دوں گا۔"

وہ شخص نارامن ہو کر چلا گیا۔

○

شیر شاہ بادشاہ بننے کے بعد بہت زیادہ مصروف ہو گیا۔ اس نے رفاہِ عامہ کے بہت سارے کام کئے۔ ایک طرف تو وہ اپنی سلطنت کی حدود بڑھا رہا تھا اور دوسری طرف سڑکیں اور سرائیں تعمیر ہو رہی تھیں۔ ایک سڑک پشاور سے شروع ہوئی اور بنگال کے سونار گاؤں تک چلی گئی اور دوسری لاہور سے ملتان تیسری آگرے سے جودھپور اور چتوڑ تک اور چوتھی آگرے سے برہانپور تک۔ سڑک کے دونوں طرف سایہ دار درخت لگوائے اور سترہ سو سرائیں تعمیر کرائیں۔ ان میں قافلے اور مسافر قیام کرتے۔ یہاں مسلمانوں اور ہندوؤں کے رہائش اور خوراک کے لئے الگ الگ انتظام تھا۔ ہر سرائے کے ساتھ ایک کنواں اور ایک پختہ مسجد موجود تھی۔ ایک موذن اور ایک امام بھی۔ اور ایک پولس افسر بھی شاہی ڈاک کے لئے تھوڑے تھوڑے فاصلے پر دو گھوڑے بھی موجود رہتے تھے۔

شیر شاہ کی زندگی میں سکون نام کی کوئی چیز بھی نہ تھی۔ وہ اپنے حصے کا کام جلد از جلد کر ڈالنا چاہتا تھا جیسے کوئی اس کے کان میں کہہ رہا تھا کہ شیر شاہ وقت کم ہے کام زیادہ۔ وہ بجلی کی طرح چاروں طرف کوندتا تھا۔

حمید نے جب دیکھا کہ شیر شاہ سے ملاقات دشوار بات ہے تو وہ دل کے ہاتھوں مجبور ہو کر ٹانڈے چلا گیا۔ یہ اس کی خوش قسمتی تھی کہ ان دنوں چچا عثمان علی گھر میں نہیں تھے۔ ربیع کی فصل تیار کھڑی تھی چچا عثمان علی اپنی زمینوں پر تھے۔ حمید کے پہنچتے ہی گھر میں رونق سی دوڑ گئی۔ گھر میں کلثوم اور زینب کے علاوہ ایک بڑی بی بھی رہ رہی تھیں۔ ابراہیم اپنے چچا عثمان علی کے ساتھ زمینوں میں گیا ہوا تھا۔

کلثوم اسے دیکھ کر پھوٹ پھوٹ کر رونے لگی۔ اس کی دیکھا دیکھی زینب بھی رونے لگی۔ حمید نے دونوں کی پشت تھپتھپائی اور انہیں تسلیاں دینے لگا۔ "کلثوم! افسوس! کہ تم دونوں اپنی ماں کے غم کو بآسانی بھلا نہ سکیں۔ یہی حال میرا بھی ہے میں تم دونوں کے غم کو اپنے دل پر براہ راست محسوس کرتا ہوں۔"

کلثوم نے کہا۔ "میں تو کہیں کی بھی نہیں رہ گئی۔ چچا عثمان طعنے دیا کرتے ہیں اور بھائی ابراہیم کبھی کبھی طنزاً کہہ دیتے ہیں کہ عشق شرفا کے لئے ننگ ہے۔"

حمید نے جواب دیا۔ "جس کی جتنی عقل ہوتی ہے وہ بات بھی اتنی ہی کرتا ہے۔" پھر پوچھا۔ "کلثوم! یہ

تو بتا ماں کو بیماری کیا تھی؟"

کلثوم نے ایک سرد آہ بھری، جواب دیا۔" یہ کہ وہ مجھے دلہن بنا ہوا نہیں دیکھ سکیں گی اور تم انہیں دھوکا دے گئے۔"

حمید کی پیشانی پر بیزاری کی شکنیں پڑ گئیں، بولا۔" کلثوم! میں جنگوں میں بری طرح الجھ گیا تھا لیکن اس کے باوجود میں تجھ کو یہ یقین دلاتا ہوں کہ میں نے تجھے ہر جگہ اور ہر دن یاد کیا ہے۔"

قریب ہی کھڑی ہوئی زینب نے ان کی باتوں میں مداخلت کی، بولی۔" میں تو باجی سے ہمیشہ یہ کہا کرتی تھی کہ آپ کی ہچکیوں کا یہ مطلب ہے کہ آپ انہیں، باجی کو یاد کرتے ہیں۔"

حمید نے کنکھیوں سے کلثوم کی طرف دیکھا، بولا۔" کلثوم! تجھ سے بچھڑ کر میں کہیں کا بھی نہیں رہ گیا تھا"

کلثوم نے جواب دیا۔" آپ مرد ہیں، آپ کی دس قسم کی مصروفیات ہوتی ہیں، آپ اپنا غم غلط کر سکتے ہیں مگر لڑکیاں اور عورتیں ۔ یہ کہاں جائیں ۔ گھر کی دیواریں کاٹ کھانے کو دوڑتی ہیں اور چھتیں بیتے دنوں کی یاد دلاتی ہیں ۔ لوگ اور زیادہ مشکلات پیدا کر دیتے ہیں۔"

حمید نے بڑی بی کی طرف اشارہ کیا۔" یہ کون ہیں؟"

کلثوم نے جواب دیا۔" ہمارے رشتے کی پھوپھی ۔ گھر میں کسی بوڑھے کی موجودگی ضروری جو ٹھہری۔"

حمید نے پوچھا۔" چچا عثمان علی کا کیا حال ہے؟ وہ کیا کہتے ہیں؟"

کلثوم نے جواب دیا۔" میری سمجھ میں نہیں آتا کہ انہیں کس طرح بدلا جائے ۔ وہ شیر خان سے آج بھی اتنا ہی نفرت کرتے ہیں جتنی دس بارہ سال پہلے کیا کرتے تھے ۔ شیر خان کی کامیابیاں انہیں کانٹوں پر لٹا رہی ہیں۔"

حمید نے کہا۔" اب ان حالات میں کلثوم تو خود ہی بتا کہ ہمیں کیا کرنا چاہئے اور یہ تو طے ہے کہ میں شیر خان کو نہیں مار سکتا۔"

کلثوم نے جواب دیا۔" میری تو قسمت ہی بگڑی ہے، میں کیا مشورہ دوں۔"

حمید نے کلثوم کو چھیڑا۔" کیا یہ سچ ہے کہ میری عدم موجودگی میں تیرا ایک اور عاشق بھی پیدا ہو چکا ہے؟"

کلثوم نے ڈبڈبائی آنکھوں سے حمید کی طرف دیکھا۔" آپ میرے زخموں پر نمک چھڑک رہے ہیں میرے دس عاشق بھی میرے پائے ثبات میں لغزش نہیں پیدا کر سکتے۔"

حمید نے کلثوم کے آنسو اپنے دامن پر لے لئے بولا۔" اری پگلی میں تو یونہی ازراہِ مذاق پوچھ رہا تھا۔"

کلثوم نے کہا۔" حمید! میرا دل بہت دکھی ہے باتوں کی چوٹیں میرے دل میں ناسور پیدا کر سکتی ہیں۔"

حمید نے کہا۔" میری توبہ اب میں ایسی باتیں نہیں کروں گا۔ بس ایک سوال اور کروں گا، تو نے جس شخص کو میرے پاس بھیجا تھا ماں کے انتقال کی خبر دے کر، وہ کون تھا؟"

کلثوم نے سوالیہ نظروں سے حمید کو دیکھا اور پوچھا "وہ کچھ کہتا تھا؟"

حمید نے جواب دیا۔"وہ مجھ سے پوچھ رہا تھا کہ میں نے چچا عثمان علی کی شرط کے بارے میں کیا سوچا۔ پھر اس نے مجھے بتایا کہ وہ آگرے اس لئے پہنچا ہے کہ وہاں کسی طرح شیر خان کا قرب حاصل کرے اور پھر اس کا کام تمام کر کے تجھ کو تیرے چچا سے حاصل کر لے۔"

کلثوم نے کہا۔"لیکن ایسا ہوگا نہیں۔ اب میں کسی اور کی نہیں ہو سکتی جو ہونا تھا وہ ہو گیا۔"

حمید نے کہا۔"اچھا اب باتیں ختم کرو، میں اس گھر میں چند دن سکون سے رہنا چاہتا ہوں۔"

کلثوم اس سے پوچھنا چاہتی تھی کہ وہ یہاں کیوں آیا ہے؟ محض تعزیت کرنے یا آمد کا کوئی اور بھی مقصد ہے؟ اور یہ کہ اس نے کلثوم کی بابت کیا سوچا؟ لیکن وہ کچھ بھی نہ سوچ سکی وہ سارے سوالات کر سکتی تھی مگر صرف اس لئے نہیں کر سکتی کہ کہیں ان سوالات کے جوابات سے اس کا دل اور زیادہ زخمی نہ ہو جائے۔ اور وہ جن باتوں کو سننا نہیں چاہتی حمید کی زبان سے وہی باتیں نہ نکل جائیں۔"

حمید نے غسل کیا، کپڑے بدلے، کھانا کھایا اور سو گیا، اس گھر میں اس کو جتنی چین کی نیند آئی تھی وہ برسوں سے اس کو ترستا رہا تھا۔ رشتے کی پھوپھی اس نوجوان کو برداشت نہیں کر پا رہی تھی انہوں نے ان دونوں کی باتیں بڑی دلچسپی سے سنیں۔ وہ حمید سے کہہ دینا چاہتی تھیں کہ جب تک بھائی عثمان علی کھیتوں سے واپس نہ آ جائیں حمید کہیں اور رہے لیکن وہ ہمت نہیں کر سکتیں۔ انھوں نے دیکھا کلثوم نے حمید کی ہر بات کا اسی طرح کا خیال رکھا ہے جس طرح کوئی بیوی اپنے شوہر کا رکھتی ہے۔ انہیں اس بات کا اندازہ ہو گیا تھا کہ اگر انھوں نے حمید کو کہا تو کلثوم ہی مداخلت کر بیٹھے گی اور وہ حمید کے سلسلے میں اپنی پھوپھی کی کوئی بات بھی نہیں مانے گی۔

حمید نے کمرے کا دروازہ اندر سے بند کر لیا اور سو گیا۔ کلثوم کھانا پکانے لگی، پھوپھی نے اس دن جیسا اہتمام کبھی پہلے اس گھر میں نہیں دیکھا تھا۔ وہ سب کچھ دیکھ دیکھ کر کڑھ رہی تھیں۔ آخر جب ان سے رہا نہیں گیا تو باورچی خانے میں کلثوم کے قریب جا کر کھڑی ہو گئیں۔ اور پوچھا "کلثوم! یہ نوجوان کون ہے؟"

کلثوم نے لاپرواہی سے جواب دیا۔"حمید! وہ اس گھر میں والدہ مرحومہ کی زندگی میں بھی رہ چکا ہے اس کے علاوہ یہی وہ نوجوان ہے جس نے ہمارے پورے کنبے کو ہلاک ہونے سے بچا لیا تھا۔"

پھوپھی نے پوچھا۔"بھائی عثمان علی کا اس نوجوان کے بارے میں کیا خیال ہے؟"

کلثوم نے جواب دیا۔"پھوپھی جان! وہ حمید سے ناراض رہتے ہیں۔"

پھوپھی کو ایک نکتہ مل گیا، بولیں۔"کلثوم! تو نے جس طرح اس نوجوان کو اپنے گھر میں جگہ دی ہے شریفوں میں ایسا نہیں ہوتا۔ اگر تو میری بات مانے تو میں تجھے مشورہ دوں۔"

کلثوم نے کہا۔"دیجئے مشورہ۔"

پھوپھی نے کہا۔" تو اس نوجوان کو آج ہی اس گھر سے رخصت کردے۔ میں ڈرتی ہوں اگر اس کی موجودگی ہی میں بھائی عثمان علی واپس تشریف لے آئے تو کیا ہوگا۔ وہ میری تو بڑی طرح خبر لیں گے۔"

کلثوم نے جواب دیا۔" نہیں ایسا نہیں ہوگا۔"

پھوپھی نے کہا۔" تو اس نوجوان کو چند دنوں کے لئے کہیں اور بھیج دے۔" اس طرح آپس کی محبتیں برقرار رہتی ہیں۔"

کلثوم نے جواب دیا۔" پھوپھی جان! جہاں تک محبت کا سوال ہے یہ ہر حال میں بحال رہتی ہے۔ افسوس کہ حمید کو کہیں اور نہیں جانے دوں گی۔ وہ جب تک ٹانڈے میں ہے اسی گھر میں رہے گا۔"

پھوپھی کی تیوریوں پر بل پڑ گئے۔" پھر میں کیا جواب دوں گی تیرے چچا کو؟"

کلثوم نے جواب دیا۔" آپ کو جواب دینے کی کوئی ضرورت نہیں، میں خود جواب دے دوں گی۔"

پھوپھی بڑبڑانے لگیں۔" بھائی عثمان علی آجائیں تو میں ان سے صاف صاف کہہ دوں گی کہ میں اس گھر میں نہیں رہوں گی جس گھر میں بڑوں کا ادب نہ رہے بڑے کس طرح رہیں گے؟"

کلثوم پھوپھی کی بڑبڑاہٹ سنتی رہی اس نے پھوپھی کو ان کے حال پر چھوڑ دیا کیونکہ وہ بات کو زیادہ نہیں بڑھانا چاہتی تھی۔

حمید نے آٹھ دن یوں گذار دیئے کہ ان دونوں کو وقت کا کوئی احساس ہی نہ ہوا۔ ان دونوں کے قہقہوں سے گھر گونجتا رہا۔ زینب بھی بہت خوش رہتی تھی۔ بس ایک پھوپھی تھیں جن کا منہ ہمیشہ سوجا رہتا تھا۔ اس دوران کلثوم نے ایک بار بھی حمید سے یہ نہیں پوچھا تھا کہ وہ واپس کب جائے گا۔ اس سوال سے اس کی روح ہی خشک ہوتی تھی۔ دوسری طرف حمید کا یہ حال تھا کہ وہ جلد از جلد خیر خاں کے پاس جانا چاہتا تھا مگر کلثوم کی محبت نے اس کے پاؤں پکڑ رکھے تھے۔ کئی بار اس کے جی میں آئی کہ کہہ دے۔ کلثوم! میں جا رہا ہوں۔ مگر کہہ نہیں سکا۔ اتنی سی بات کہنے کے لئے جتنی ہمت اور حوصلہ درکار تھا، اس سے وہ محروم تھا۔

جو بات کلثوم اور حمید نہیں کر سکتے تھے، زینب نے کہہ دی۔ اس نے ناشتے کے دوران حمید سے پوچھا۔" حمید بھائی! اب آپ واپس تو نہیں جائیں گے؟"

زینب کے اس سوال نے دونوں کی دھڑکنیں تیز کردیں، پھوپھی کے چہرے پر تازگی پیدا ہوگئی۔ وہ اس سوال کا جواب سننے کے لئے ان تینوں کے قریب جا بیٹھیں۔

حمید نے کلثوم کی طرف دیکھتے ہوئے جواب دیا۔" میں تو یہاں تعزیت کرنے آیا تھا۔ میں نے یہاں آنے کی شیر صاحب سے اجازت بھی نہیں لی، وہ تو میرا انتظار کر رہا ہوگا۔"

اس بار کلثوم نے کہا۔" انتظار تو کسی نہ کسی کو ہوتا ہی ہے۔ میں کہتی ہوں اب جنگ دجل کی

زندگی چھوڑ دیجئے اور یہاں روکھی سوکھی جو میسر ہے اسی پر قناعت کیجئے۔"
حمید نے جواب دیا۔ "کلثوم! اگر میں ایسا چاہوں بھی تو کیا ممکن ہے۔ چچا عثمان سوتے جاگتے، اٹھتے بیٹھتے کھاتے پیتے اپنی شرط یاد نہیں دلاتے رہیں گے بیں اس کا کیا علاج کروں گا؟"
کلثوم نے کہا۔ "آپ تو اس شرط سے بے بس ہو گئے لیکن میں بے بس نہیں ہوں چچا عثمان علی کو میں خود جواب دے لوں گی۔"
حمید نے کہا۔ "اس کے باوجود مجھے ایک بار تو شیر شاہ کے پاس جانا ہی پڑے گا۔"
کلثوم اداس ہو گئی۔ "آپ کو شیر شاہ مجھ سے زیادہ عزیز ہیں شاید۔"
حمید نے جواب دیا۔ "بات یہ نہیں ہے کلثوم! میں شیر شاہ کا دوست ہوں، ملازم ہوں ہم نے ایک ساتھ کئی سال گذارے ہیں، میں یہاں اس سے مل کر نہیں آیا۔
میں اس سے ایک بار، بلکہ آخری بار ضرور ملوں گا اس کے بعد تیرے پاس چلا آؤں گا۔"
کلثوم نے پوچھا۔ "پھر کب جائیں گے اپنے ولی نعمت شیر شاہ کے پاس؟"
حمید نے کلثوم کے لہجے میں گہرا طنز محسوس کیا، اسے کلثوم پر رحم بھی آ رہا تھا اور افسوس بھی، اس نے کہا۔ "کلثوم! مجھے بات چیت میں طنز اور استہزا ذرا بھی پسند نہیں۔ میں جانتا ہوں کہ شیر شاہ نے تم لوگوں کو دکھ پہنچایا ہے اور تمہارے دلوں پر ایک ایسا زخم لگایا ہے جو شاید کبھی بھی مندمل نہ ہو سکے لیکن اس کے باوجود وہ میرا ولی نعمت ہے، میں اس سے محبت کرتا ہوں، والہانہ محبت، جس کی سرحدیں عقیدت سے ملی ہوئی ہیں۔"
کلثوم نے کوئی جواب دیے بغیر حمید کو اس کے حال پر چھوڑ دیا اور دوسرے کمرے میں چلی گئی۔

دوسرے دن زمینوں پر سے کلثوم کا بھائی ابراہیم واپس آ گیا۔ ہٹا کٹا ابراہیم۔ اس نے اپنی بہن کلثوم کو بتایا کہ چچا تین دن بعد واپس آئیں گے۔ پھر جب اس نے حمید کو اپنے گھر میں آزادانہ چلتے پھرتے دیکھا تو اس کے مزاج میں درشتگی آ گئی۔ حمید نے اس کو سلام کیا مگر ابراہیم نے اس کو جواب نہیں دیا وہ حمید کو دیکھتا ہوا کلثوم کے پاس چلا گیا۔ کلثوم اس وقت کپڑے دھو رہی تھی۔ ابراہیم نے تیوریوں پر بل ڈال رکھے تھے، اس نے پوچھا۔ "کلثوم! یہ کب آیا تھا؟"
کلثوم نے جواب دیا۔ "آٹھ دس دن ہوئے کیوں؟"
ابراہیم نے کہا۔ "جب گھر میں کوئی مرد نہیں تھا تو اسے ٹھہرانے کی کیا ضرورت تھی؟"

کلثوم کپڑے دھونا بھول گئی، حیرت سے بھائی کو دیکھ کر پوچھا "یہ آپ بول رہے ہیں یا چچا عثمان علی؟"

ابراہیم نے جواب دیا "یہ میں بول رہا ہوں لیکن چچا عثمان بھی اس شخص کو دیکھ کر یہی سوال کرتے"

کلثوم نے کہا "تم لوگ احسان فراموش ہو۔ جب ہم لوگ ٹانڈے کے شقہ دار کی ہزیمت کے بعد جان بچانے کی خاطر یہاں سے بھاگ رہے تھے اگر اس دن اس نوجوان نے ہمارا ساتھ نہ دیا ہوتا تو نہ یہ گھر ہوتا نہ ہم لوگ۔ آپ لوگوں نے اتنی جلدی اس احسان کو بھلا دیا"

ابراہیم کو کچھ شرم سی محسوس ہوئی بولا "کلثوم! میں کیا کروں چچا عثمان علی کی ضد نے مجھے بھی مجبور کر رکھا ہے۔ اب اگر ان کی بات نہ مانی جائے تو ہماری سرپرستی کون کرے گا؟"

کلثوم نے جواب دیا "اب ہم لوگ بچے نہیں رہے، اپنے اچھے برے کی ہمیں بھی تمیز ہے"

ابراہیم نے کہا "پھر بھی چچا عثمان علی ہی ہمارے بزرگ ہیں، ہمیں ان کی بات تو ماننی ہی پڑے گی اور وہ اس نوجوان کو بالکل پسند نہیں کرتے اور اگر نوجوان حمید چچا عثمان کی بات مان لے تو اس گھر کے دروازے ہمیشہ کھلے ہوئے ملیں گے اور ہمیں عذر نہیں پائیں گے"

کلثوم نے کہا "آپ حمید سے کوئی بات نہیں کریں گے بھائی! میں چچا عثمان علی کا انتظار کر رہی ہوں اور جو باتیں آپ یا حمید نہیں کر سکتے، میں کروں گی" بولتے بولتے وہ خاموش ہو گئی۔ کچھ دیر بعد وہ پھر بولنے لگی "چچا عثمان علی یہ کیوں نہیں سوچتے کہ وہ جن زمینوں سے روزی کما رہے ہیں۔ شیر شاہ کی ہی عطا کردہ ہیں اور پھر یہ بات کسے نہیں معلوم کہ میری ماں حمید کو پسند کرتی تھیں"

ابراہیم کی نفرت میں کچھ کمی واقع ہو گئی۔ بہن کی دلائل نے اُسے مرعوب کر دیا تھا۔

رات کو ابراہیم نے حمید کو کھانے پر پکڑ لیا۔ وہ بہت خوشگوار کیفیت میں تھا، حمید سے پوچھا "کیا بات ہے بھائی حمید؟ کیا تم بھی مجھ سے ناراض ہو؟"

حمید نے جواب دیا "میں کسی سے ناراض نہیں ہو سکتا" ان دونوں کے پاس

کلثوم بھی آگئی۔

کلثوم نے کہا "آپ میری مدد کریں اور چچا عثمان علی کو راضی کرنے کی کوشش کریں۔"

حمید نے جواب دیا "چچا عثمان علی کو میں کیسے راضی کر سکتا ہوں؟"

کلثوم نے کہا "میرے مخاطب آپ نہیں بھائی ابراہیم ہیں۔"

ابراہیم نے کہا "شبیر خاں سے میں بھی نفرت کرتا ہوں، لیکن میں اب اس نتیجہ پر پہنچا ہوں کہ اس نفرت کے سہارے نہ تو زندہ رہا جاسکتا ہے اور نہ ہی خوشگوار زندگی گذاری جاسکتی ہے۔"

کلثوم کو اپنے بھائی میں اتنی نمایاں تبدیلی حیران کر رہی تھی وہ پھولی نہیں سما رہی تھی۔

ابراہیم نے پوچھا "آپ کتنے دنوں کے لئے آتے ہیں یہاں؟"

حمید نے جواب دیا عارضی طور پر میں عیادت کرنے آیا تھا۔ اب میں اس لئے واپس جانا چاہتا ہوں کہ اپنے مزلی اور محسن کی خدمت کروں گا واپس آکر۔"

ابراہیم نے کہا "بھائی حمید! یہ کیا کہہ دیا آپ نے کہ مزلی اور محسن، ہمارے گھر میں تو آپ کا کوئی بھی محسن نہیں، ہاں آپ کے احسانات ہم پر ضرور ہیں۔"

حمید نے جواب دیا "میں نے آپ لوگوں کو اس لئے محسن کہا تھا کہ آپ نے مجھے اپنے گھر میں رکھا تھا۔ ایک طرح سے میری خدمت کی تھی۔ ایمانداری کی بات تو یہ ہے کہ آپ لوگوں کا میں احسان مند ہمیشہ ہی رہوں گا۔"

کلثوم نے کہا "آپ ایسی بات نہ کیجیے۔"

ابراہیم نے کہا "اور میں نے فیصلہ کرلیا ہے کہ چچا عثمان علی کو بدل کے رہونگا۔"

رات کا کھانا ان سب نے ایک ہی دستر خوان پر کھایا۔ زینب نے ایک دوسرے کی صورت دیکھتی اور ان کی باتیں سمجھنے کی کوشش کرتی مگر اس کے کچھ پلے نہ پڑتا۔

دوسرے دن کسی نے علی الصبح دروازے پیٹنے شروع کر دیئے۔ ابراہیم نے دروازہ کھولا اور یہ دیکھ کر پریشان ہوگیا کہ چچا عثمان علی اس کے سامنے کھڑے ہیں، اس نے حیرت سے کہا "چچا آپ؟"

چچا نے قہر اور طنز کی نظروں سے ابراہیم کو دیکھا اور پوچھا "میری آمد نے تجھے حیران کیوں کر دیا؟"

ابراہیم نے جواب دیا "آپ نے کئی دن بعد آنے کا وعدہ کیا تھا۔"

چچا عثمان علی پوچھا۔ "وہ بے یا چلا گیا؟"

ابراہیم چچا کے سوال کا مفہوم سمجھ چکا تھا مگر پھر بھی تجاہل سے کام لیا۔ پوچھا: "وہ کون؟"

چچا کو غصہ آگیا، بولے یعقوب! تو گویا تو 'وہ' کا مطلب نہیں سمجھا۔" ابراہیم اپنی بات پر اڑا رہا۔ بولا "چچا! آپ تھکے ہوتے نظر آتے ہیں، جائیں غسل کریں کپڑے بدلیں۔"

چچا نے کوئی جواب دیے بغیر اندر جاکر پوٹلی رکھی اور وضو کر کے مصلیٰ بچھا کر نماز ادا کی، اتنی دیر میں گھر کے سارے ہی افراد جاگ چکے تھے۔

چچا عثمان علی نے اچانک پھوپھی کے بارے میں پوچھ لیا۔ "اور تیری پھوپھی کہاں چلی گئیں؟"

ابراہیم نے جواب دیا۔ "اپنے کمرے میں ہوں گی۔"

چچا نے اُن کے کمرے کی طرف جائزے کی نظریں ڈالیں اور پوچھا: "تو نے یہ نہیں بتایا کہ وہ کب آیا ہوا ہے؟"

ابراہیم نے جواب دیا۔ "جب میں یہاں آیا تھا تو حمید گھر میں موجود تھا۔ پوچھنے پر معلوم ہوا آٹھ دس دن کا آیا ہوا ہے۔"

چچا عثمان علی بڑبڑانے لگا۔ "میری کسی سے کیا دشمنی ہو سکتی ہے۔ میرا کوئی دشمن نہیں مگر میں پھر بھی شیر خان سے بدلہ لینا چاہتا ہوں۔ میں اگر چاہوں تو بھی اس نفرت کو ختم نہیں کر سکتا۔ جس نے میرے عنایت علی کو مقتول کر دیا تھا۔"

اس کے بعد وہ پھوپھی کے کمرے میں چلے گئے۔ انہوں نے کسی تمہید کے بغیر صاف صاف بات کی۔ "یہ کب کا آیا ہوا ہے؟"

پھوپھی نے چچا عثمان علی کو دیکھا تو ان کے چہرے پر شگفتگی سی پیدا ہو گئی، پوچھا۔ "تم کب آئے؟"

انہوں نے جواب دیا۔ "ابھی ابھی بس چلا آ رہا ہوں۔"

پھوپھی ایک دم اداس ہو گئیں، بولیں۔ "اچھا ہوا جو تم آگئے ورنہ میں تو اس گھر سے اکتا گئی تھی، میں عاجز آئی ہوئی تھی۔"

چچا عثمان علی نے بے چینی اور غصے سے کہا۔ "کیا بات تھی؟"

پھوپھی نے کہا۔ "عثمان علی کیا قیامت قریب ہے؟ جو لڑکیوں سے حیا اٹھتی جا رہی ہے۔"

چچا عثمان علی نے پوچھا۔ "آخر بات کیا ہوئی؟ کچھ بتائیں تو سہی؟"

پھوپھی نے پوچھا۔ "یہ نوجوان کون ہے؟ اپنے خاندان سے تو ہے نہیں۔"

چچا عثمان علی سب کچھ سمجھ گئے تھے مگر کام تجاہل سے لے جا رہے تھے، کہا: "یہ اپنے خاندان کا نہیں ہے مگر یہ یہاں کیوں ٹھہرا۔

پھوپھی نے جواب دیا: "میں تو اس پر ناراض ہوئی تھی مگر جب کلثوم نے مجھے آڑے ہاتھوں لیا تو میں مجبور ہو گئی اور چپ سادھ لی۔"

چچا عثمان نے بگڑ کر کہا: "میں نے آپ کو اس گھر میں اس لیے چھوڑا تھا کہ آپ ان سب کی بزرگ بن کر رہیں گی مگر آپ نے بچوں کا کردار ادا کیا، آپ کو ایسا نہیں کرنا تھا۔"

پھوپھی تیوریاں چڑھا کر کھڑی ہو گئیں: "عثمان علی! تم مجھے کچھ نہیں کہہ سکتے، جو کچھ کہنا سننا ہے گھر والوں سے کہو۔ میں نے انہیں سمجھانے کی کوشش کی مگر جب میں نے کلثوم کے تیور میں یہ محسوس کیا کہ وہ اس گھر کی مالک ہے اور میں کچھ بھی نہیں تو میں خاموش ہو گئی۔"

چچا عثمان علی نرم پڑ گئے، پوچھا: "آپ نے یہاں کیا کیا دیکھا؟"

پھوپھی نے اپنے دونوں کانوں پر ہاتھ رکھ لیے اور کہا: "اللہ میری توبہ، غیر مردوں سے کہیں اس طرح باتیں کی جاتی ہیں جس طرح کلثوم اس سے کرتی تھی۔ اس نے تو بس حد ہی کر دی، اللہ میری توبہ۔"

چچا عثمان علی کے چہرے کا رنگ بدل رہا تھا۔ انھوں نے پھوپھی سے کہا: "ذرا کلثوم کو یہیں بلوا لیجئے اور اس کے ساتھ ہی ابراہیم کو بھی یہیں لے آئیے۔"

پھوپھی دونوں کو بلانے چلی گئیں۔

کچھ دیر بعد وہ دونوں کے ساتھ ہی کمرے میں داخل ہوئیں۔ کلثوم نے چچا کو سلام کیا، جس کا جواب سرد مہری سے دیا گیا۔ چچا عثمان علی کلثوم سے نظریں نہیں ملا رہے تھے، انھوں نے پوچھا: "کلثوم کیا میں نے اس گھر کو اپنا گھر نہیں سمجھا؟"

کلثوم نے جواب دیا: "کون کہتا ہے کہ آپ نے اس گھر کو اپنا گھر نہیں سمجھا؟"

چچا نے کہا: "میں نے اپنے مرحوم بھائی کے بعد تم سب کو اپنی اولاد کی طرح نہیں رکھا؟"

کلثوم نے پھر وہی جواب دیا: "کون کہتا ہے، میں نے تو ایسی کوئی بات کی نہیں۔"

چچا نے جھنجھلائے لہجے میں کہا: "کلثوم! تو جھوٹی ہے، میں حمید سے نفرت کرتا ہوں مگر تو نے اسے اپنے گھر میں ٹھیرایا اور اس سے میٹھی میٹھی باتیں کرنے لگی۔ میں جانتا ہوں کلثوم! وہ تیرے لئے اجنبی نہیں تھا۔ اور وہ اس سے پہلے بھی یہاں رہ چکا تھا لیکن ٹھیرانے سے پہلے یہ بھی تو سوچا ہوتا کہ وہ اس گھر کا کچھ بھی نہیں، ہاں تیری ماں کی ایک خواہش تھی جو پوری نہ ہوئی۔ انہیں حمید سے بڑی دلچسپی تھی مگر وہ بھی اتنی ہمت نہیں کر سکیں کہ میری مرضی کے خلاف حمید کو اپنا داماد بنا لیتیں۔"

کلثوم نے بڑی ہمت سے کام لیا، بولی: "حمید نے ہماری جانیں بچائی تھیں اور ہم لٹنے سے محفوظ رہے تھے۔ اب کیا ہم اُسے دھتکار کر احسان فراموشوں میں شامل ہو جائیں؟"

چچا عثمان علی کو یہ امید نہیں تھی کہ کلثوم یوں مقابلے پر آجائے گی۔ اُسے غصہ تو بہت آیا مگر ضبط و تحمل سے کام لیا۔ کلثوم کو اپنا نقطۂ نظر سمجھانے کی کوشش کی، بولا: "کلثوم! میں نے قسم کھا رکھی ہے کہ میں بھائی عنایت علی کی موت کا بدلہ شیر خان سے ضرور لوں گا، اور اگر ہم لوگ خود انتقام نہ لے سکے تو کسی اور سے یہ کام کرالیں گے چنانچہ میں اپنی یہ قسم پوری کر کے رہوں گا۔ اگر تجھے اپنے مرحوم باپ سے ذرا بھی محبت ہوگی تو تو اس میں میرا ساتھ دے گی۔"

کلثوم نے جواب دیا: "لیکن عمّ محترم! اللہ معاف کرنے والوں کو بہت پسند کرتا ہے۔"

چچا عثمان علی نے جب یہ دیکھا کہ کلثوم کسی طرح قابو میں نہیں آرہی تو انھوں نے ایک نیا طریقہ اختیار کیا، بولا: "میں نے عبداللہ خان کو تیری ماں کی موت کی خبر دے کر حمید کے پاس بھیجا تھا۔ عبداللہ خان تجھ سے شادی کا خواہشمند ہے میں نے اسے صاف صاف بتا دیا ہے کہ اگر وہ کسی طرح شیر خان کو ہلاک کرنے میں کامیاب ہو جائے گا تو میں بھی اس کی خواہش پوری کر دوں گا۔ جب تک عبداللہ واپس نہیں آجاتا میں حمید کے بارے میں سوچ بھی نہیں سکتا۔"

ابراہیم نے پوچھا: "لیکن عمّ محترم! کیا آپ کو امید ہے کہ عبداللہ خان اتنا بڑا کام انجام دے لے گا؟"

چچا نے ابھی جواب بھی نہیں دیا تھا کہ کلثوم بول اُٹھی: "شادی مجھے کرنی ہے میں عبداللہ خان کو نہیں جانتی، اگر وہ آپ کی خواہش پوری بھی کر دے گا تو بھی میں آپ کے عہد کی پابندی نہیں کروں گی۔ میں نے اپنے باپ کا خون معاف کیا۔"

چچا عثمان ایک دم بگڑ گئے، چیخ کر بولے: "تو کون ہوتی ہے ابراہیم نے اپنے باپ کا خون معاف نہیں کیا جو عنایت علی کا بیٹا ہے اور خود میں نے تو معاف نہیں کیا کیونکہ میں مرحوم کا بھائی ہوں۔"

ابراہیم نے بھی اپنی بہن کا ساتھ دیا، بولا: "عمّ محترم! میں نے بھی اپنا خون معاف کیا کیونکہ میں اپنی بہن کو دکھی نہیں دیکھ سکتا۔"

چچا عثمان علی بے بس اور مجبور ہو چکے تھے لیکن ہتھیار ڈال دینا اُن کے اصول اور مسلک کے خلاف تھا۔ چنانچہ انھوں نے نرمی کو ترک اور سختی کو اختیار کیا، بولے: "تب پھر مجھے بھی کچھ سوچنا پڑے گا جب تم لوگ میرے وفادار نہیں ہو تو میں وفاداری کیوں اختیار کروں اب میں بھی تم دونوں سے کنارہ کشی اختیار کر لوں گا۔ اپنی زمینوں کی دیکھ بھال تم خود کرو گے۔"

ابراہیم نے پوچھا: "لیکن عمّ محترم، یہ کیوں؟"

چچا عثمان نے جواب دیا: "آج تم دونوں کی باتوں نے میرا دل توڑ دیا ہے میں تم دونوں کے خلاف زیادہ سے زیادہ جو کر سکتا ہوں وہ یہی ترکِ تعلق ہے کلثوم نے اپنی راہ کا جو انتخاب کیا ہے، میں

اس سے متفق نہیں ہوں اور جب ہم دونوں کے درمیان کا اتفاق اور اعتماد ہی اٹھ گیا تو پھر یہ گاڑی کس طرح چلے گی۔ کسی طرح بھی نہیں۔"

چچا عثمان کی یہ دھمکی کام کر گئی، ابراہیم نے کہا: "عم محترم! آپ یہ کام میرے سپرد کر دیں۔ میں حمید کے ساتھ شیر خان کے پاس جاؤں گا اور موقع پا کر اپنے باپ کا بدلہ لوں گا۔ میرے باپ کا بدلہ کوئی اور کیوں لے۔"

چچا عثمان علی نے جواب دیا: "ابراہیم! حمید کی مثالی شخصیت ہے وہ نہ تو خود ایسا کرے گا اور نہ کسی اور کو ایسا کرنے دے گا۔"

کلثوم نے اُن کی باتوں میں دلچسپی لینا چھوڑ دی اور ان سب کو باتیں کرتا چھوڑ کر باہر نکل گئی، جاتے جاتے کہتی گئی: "آپ لوگ جو چاہیں کریں یہ ساری تخریبی باتیں ہیں گھروں کو اجاڑنے اور برباد کرنے والی باتیں۔ پہلے تو صرف میرا باپ مارا گیا تھا اب ایسا لگتا ہے بھائی ابراہیم بھی واپس نہیں آئیں گے۔"

چچا عثمان علی نے کلثوم کو آوازیں دینا شروع کیں۔ وہ اس کے پیچھے دوڑے: "کلثوم۔ میری بات تو سن۔ کہاں چلی؟"

جب وہ کلثوم کے پیچھے کمرے سے باہر نکلا۔ اس نے باہر حمید کو کھڑے دیکھا۔ شاید وہ اُن کی باتیں سن رہا تھا۔ چچا عثمان علی کا اچانک آمنا سامنا ہوا تو وہ گھبراہٹ میں جھنجلاہٹ بھی شامل تھی وہ کلثوم کو تو بھول گئے حمید پر برس پڑے۔ "جب سے تو ہمارے خاندان میں آیا ہے ہم سب کا سکون چین غارت کر دیا ہے، میں پوچھتا ہوں کہ آخر تو چاہتا کیا ہے؟"

حمید نے جواب دیا: "میں واپس جانا چاہتا ہوں کیونکہ میں نہیں چاہتا کہ میری وجہ سے ایک ہنستا کھیلتا خاندان جہنم کدہ بن جائے۔"

چچا عثمان علی حمید کو مکان کے باہر باغیچے میں لے گئے۔ یہ باغیچہ مکان سے تھوڑے فاصلے پر عام پگڈنڈی سے ملحق واقع تھا۔ اس میں آم، جامن، املی، کرکھ، کیتھے، بیل، لیموں اور کروندے کے درختوں کی کثرت تھی، باغیچے کی فضا میں انواع و اقسام کی ملی جلی خوشبو میں لیموں کی ترش خوشبو سب پر غالب آ گئی تھی۔ یہ باغیچہ چچا عثمان علی کا تھا۔ وہ اس باغیچے میں کرکھ کے درخت تلے سبزے پر بیٹھ گئے اب اُن کا رویّہ بہت نرم ہو چکا تھا۔ ایسا لگتا تھا جیسے وہ اپنی تلخی اور ترشی کو گھر ہی میں چھوڑ آئے ہوں۔ انہوں نے حمید کو سبزے پر بٹھا لیا، بولے: "حمید! میں تیرا احسان مند ہوں کیونکہ تو نے ایک بار ہمارے خاندان کو موت اور بربادی سے بچایا تھا۔ کلثوم سمجھتی ہے کہ میں بے حس اور احسان فراموش انسان ہوں لیکن ایسا نہیں ہے۔۔۔"

حمید نے بات کاٹ دی: "آپ کہنا کیا چاہتے ہیں؟"
چچا عثمان علی نے جواب دیا۔ "صرف یہ کہ تو کلثوم کا پیچھا چھوڑ دے اور جہاں سے آیا ہے وہیں واپس چلا جا۔"
حمید نے جواب دیا۔ "میں چلا جاؤں گا لیکن جب تک آپ مجھے صاف صاف یہ نہ بتا دیں کہ آپ مجھ سے بیزار کیوں ہیں، میں نہیں جاؤں گا۔"
چچا عثمان نے جواب دیا۔ "بات صرف اتنی سی ہے کہ میں تیرے خاندان سے واقف نہیں ہوں تو کہتا ہے کہ تو دھمی خاندان کا آخری فرمان روا ابراہیم لودھی تیرا چچا تھا مگر میں کس طرح یقین کروں اس کا کوئی ٹھوس ثبوت تو پیش کر ورنہ میں ایک گمنام خاندان کے نوجوان کو اپنا داماد نہیں بنا سکتا۔"
حمید نے کہا۔ "میں جو کچھ ہوں آپ کو بتا چکا ہوں کیا میرے عادات واطوار میرے قول کی گواہی نہیں دیتے؟"
چچا عثمان علی نے جواب دیا۔ "اس کے علاوہ کوئی ثبوت کوئی شہادت؟"
حمید نے کہا: "اس کے علاوہ کوئی ثبوت کوئی شہادت نہیں۔"
چچا عثمان نے کہا۔ "تب پھر تو آگرے واپس چلا جا ہمارا پیچھا چھوڑ دے۔"
حمید نے جواب دیا۔ "میں اس طرح نہیں جاؤں گا، اور وہ شرط، شیر خان والی؟ اُس کا کیا ہوگا؟"
چچا عثمان علی نے کہا۔ "شیر خان والی شرط تو اس لیے رکھ دی گئی تھی کہ نہ تو وہ پوری کرے گا اور نہ کلثوم تیرے حوالے کی جائیگی۔"
حمید نے نہایت مضبوط لہجے میں کہا: "کلثوم مجھ سے محبت کرتی ہے میں اُسے اس جہنم میں نہیں رہنے دوں گا۔"
چچا عثمان علی ایک دم کھڑے ہو گئے۔ اُن کی پیشانی غصے کی شکنوں سے پُر تھی۔ انہوں نے کہا "حمید! یہ کام اتنا آسان بھی نہیں جتنا تو سمجھ رہا ہے میں تیرا ہر قدم، ہر در، ہر گھر، ہر گلی ہر موڑ اور ہر چوراہے پر مقابلہ کروں گا اور یہ ثابت کر دوں گا کہ تو نے ہمیں جتنا کمزور سمجھ رکھا ہے ہم اتنے کمزور نہیں ہیں۔ ہم ہتھیاروں سے، باتوں سے دلیلوں سے، دولت سے وسائل سے ہر طرح ہر ذریعے سے مقابلہ کرنے کو تیار ہیں۔"
حمید نے حیرت سے دیکھ کر پوچھا۔ "تو یہ بات ہے؟ آپ مجھ سے مقابلہ کریں گے؟"
چچا عثمان علی نے جواب دیا۔ "ہاں، میں تجھ سے مقابلہ کروں گا۔"

حمید نے پوچھا۔ "تو پھر دیر کس بات کی؟ یہ مقابلہ جتنی جلدی ہو جائے اچھا ہے، آج ہی، اسی وقت۔"

چچا عثمان علی کا غصے سے چہرہ سرخ ہو گیا، بولے۔ "تو یہیں موجود رہے گا۔ دو ڈھالیں اور تلواریں لے کر ابھی واپس آتا ہوں ہم دونوں یہیں اسی باغیچے کے سبزہ زار پر آج یہ فیصلہ کرینگے، کہ کلثوم کے پاس کسے رہنا ہے۔"

چچا عثمان علی سیدھے گھر گئے اور دو ڈھالیں، دو تلواریں اور دو نیزے لے کر حمید کے پاس پہنچ گئے۔"

حمید نے ایک ڈھال، ایک تلوار، اور ایک نیزہ چچا عثمان سے لے کر مقابلے کی دعوت دیدی وہ دونوں باغیچے ہی کے سبزہ زار پر مقابلے کے لئے کھڑے ہو گئے۔ چچا عثمان علی کو اپنی شمشیر زنی پر بڑا ناز تھا، ان کا خیال تھا کہ حمید کو زیر کرنے میں زیادہ وقت نہیں لگے گا۔

چچا عثمان علی مسکرا رہے تھے، بولے۔ "لوگ میری تلاش میں یہاں تک آئیں، میں چاہتا ہوں اس سے پہلے ہی جو ہونا ہے ہو جائے۔"

حمید نے جواب دیا۔ "میں بھی یہی چاہتا ہوں۔"

چنانچہ دونوں شمشیریں سونت کر ایک دوسرے کے مقابل آ گئے۔ شمشیریں نیام سے نکلیں، بجلیاں سی کوندنے لگیں اور دونوں ایکدوسرے پر حملے کرنے لگے۔

کچھ دیر کے بعد چچا عثمان علی کے ہاتھ سے شمشیر چھوٹ کر دور جا گری۔ حمید نے آگے بڑھ کر شمشیر کی نوک چچا کے پیٹ پر رکھ دی مگر اسے دبایا نہیں، اس نے کہا۔ "چچا عثمان علی! اگر میں چاہوں تو اسی وقت آپ کا کام تمام کر دوں۔"

چچا عثمان علی پر شکست کی خجالت اور شرمندگی طاری تھی، روہانسی آواز میں کہا۔ "حمید! مجھے قتل کر دے تاکہ میں کئی ندامتوں سے پیچھا چھڑا لوں۔"

حمید نے شمشیر کی نوک چچا عثمان علی کے پیٹ پر سے ہٹا لی، کہا۔ "نہیں، میں آپ کو ماروں گا نہیں، آپ نے میری خاندانی وجاہت پر شبہ کیا لیکن میں نے اُسے ثابت کر دیا۔ اُٹھیے اور میری مخالفت ترک کر دیجئے۔ اس طرح میں یہ بھی بتانا چاہتا تھا کہ اگر میں چاہوں تو شیر شاہ کو بھی ہلاک کر دوں لیکن میں ایسا کروں گا نہیں۔"

چچا عثمان علی خاموش تھے گویا اُن کی قوتِ گویائی سلب ہو چکی تھی۔

جب دونوں گھر واپس جا رہے تھے تو انھیں راستے میں ابراہیم مل گیا۔ وہ دونوں کو تلاش کر رہا تھا جب اس نے انھیں ڈھالوں شمشیروں اور نیزوں سمیت اپنی طرف آتے دیکھا تو چکرا گیا۔

اس کی سمجھ میں نہیں آ رہا تھا کہ یہ سب کیا تھا؟

حمید نے گھر کے دروازے پر کلثوم کو کھڑے دیکھا، اُس نے اُن دونوں کو اس حال میں دیکھا تو مجسم سوال بن گئی۔ حمید نے اپنا سامان سنبھالا اور کلثوم سے کہا "کلثوم! میں جا رہا ہوں تو نے مجھ سے وعدہ کیا تھا کہ میرا انتظار کرے گی اپنے اس وعدے پر قائم رہنا میں واپس ضرور آؤں گا۔" پھر چچا عثمان علی سے کہا "اور اب آپ خاموش رہیں گے کیونکہ اگر میں چاہتا تو آپ کو قتل کر دیتا مگر میں نے آپ کو معاف کر دیا، صرف اس خیال سے کہ آپ کلثوم کے چچا ہیں، اور میں لودھی خاندان کا ایک شہزادہ۔"

یہ سب کیا ہو گیا تھا اور کیا ہو رہا تھا، نہ ابراہیم سمجھ سکا، نہ کلثوم۔ کلثوم کے پیچھے زینب کھڑی تھی، وہ بھی مجسم سوال بنی ہوئی تھی۔

حمید جوش اور جذبے سے سرشار کلثوم، زینب اور ابراہیم کو محوِ حیرت چھوڑ کر آگرے چلا گیا۔ چچا عثمان کو سکوت نے اپنے قابو میں کر لیا تھا۔ ابراہیم اور کلثوم نے بار بار یہ معلوم کرنا چاہا کہ حمید اور اُن میں کیا واقعات اور حالات پیش آئے جو وہ بالکل چپ گم صم ہو کر رہ گئے ہیں۔ چچا عثمان بالکل بدل چکے تھے۔ انھوں نے اپنا سکوت توڑا تو اُن میں یہ حیرت انگیز تبدیلی پائی گئی کہ وہ نہ تو حمید کی مخالفت کرتے تھے اور نہ ہی حمایت۔ انھوں نے کلثوم پر بھی دباؤ ڈالنا چھوڑ دیا۔

وہ آگرے پہنچا اور شیر شاہ کے دربار میں حاضری دی۔ شیر شاہ اس کی گمشدگی سے فکرمند ہو گیا تھا۔ وہ شیر شاہ کی مہمات میں ادھر اُدھر دوڑتا بھاگتا رہا۔ وہ کئی سال جنگوں میں الجھا رہا۔ حمید اس کے ساتھ ساتھ رہا لیکن اس دوران ملاقاتیں بہت کم ہو گئیں۔

اسی دوران شیر شاہ نے کالنجر کا رُخ کیا، کالنجر کا قلعہ اپنی مضبوطی کے لئے بہت مشہور تھا جب وہ اس مہم پر جا رہا تھا تو اس نے حمید کو طلب کیا۔ اس نے حمید کو کئی ماہ بعد دیکھا تھا، دیکھتے ہی پوچھا "حمید! تو کہاں رہتا ہے؟ تجھ سے ملاقات کیوں نہیں ہوتی؟"

حمید نے جواب دیا "اب آپ جہاں پناہ ہو گئے ہیں میں آپ کا وقت نہیں ضائع کرنا چاہتا"

شیر شاہ نے کہا "تو نے مجھ سے جاگیر وغیرہ بھی نہیں لی آخر کیوں؟"

حمید نے جواب دیا "میں جاگیر لے کر کیا کروں گا؟ اکیلا آدمی۔ جو وقت آپ کی صحبت میں گزر جائے میرے لیے بہت قیمتی اور یادگار ہے۔"

شیر شاہ مسکرایا اور کہا "اب تو لڑکیاں اپنے عاشقوں سے مہر میں میرا سر مانگتی ہیں۔"

حمید گھبرا گیا، حیرت سے پوچھا "میں آپ کا مطلب نہیں سمجھا۔"

شیر شاہ نے حکم دیا۔ اُس شخص کو حاضر کیا جائے جس نے کل نماز کی حالت میں مجھے قتل کر دینا چاہا تھا۔"

جب یہ شخص سامنے لایا گیا تو حمید نے اُسے پہچان لیا۔ عبداللہ خان تھا۔ حمید گھبرایا کہ کہیں یہ جاہل اور اجڈ انسان اِس سلسلے میں اس کا نام نہ لے لے۔

شیر شاہ نے اُس شخص سے پوچھا، "سچ سچ بتا کہ تو نے مجھے کیوں قتل کرنا چاہتا تھا؟"

عبداللہ خان نے جواب دیا، "بادشاہ سلامت! سچی بات تو یہ ہے کہ میں جس لڑکی سے محبت کرتا ہوں اس کا چچا آپ کا بدترین دشمن ہے، اس نے کہا تھا کہ میں اس شرط پر اپنی بھتیجی کی شادی تجھ کروں گا کہ تو اس کے مہر میں شیر شاہ کا سر پیش کرے گا۔"

عبداللہ خان ذرا بھی نہیں ہچکچا رہا تھا۔

شیر شاہ نے کہا، "جب میں مروں گا تو اپنے ورثا کو ہدایت کر جاؤں گا کہ وہ میرا سر کاٹ کر تیرے حوالے کر دیں تاکہ تجھے تیری محبوبہ مل جائے۔" پھر حمید سے پوچھا، "اور تو نے بھی کسی لڑکی سے محبت کی ہے اس لڑکی نے تجھ سے کیا چیز مانگی تھی مہر میں؟"

حمید بہت گھبرایا ہوا تھا، بولا، "اس نے مجھ سے کچھ بھی نہیں مانگا تھا۔"

شیر شاہ نے جواب دیا، "تو شرماتا ہے شاید۔"

شیر شاہ نے حملہ آور کو چھوڑ دیا اور کہا، "جا، اور میری موت کا انتظار کر۔"

وہ شخص فوراً فرار ہو گیا۔

یہاں سے شیر شاہ اپنے لشکر کے ساتھ کالنجر روانہ ہو گیا۔ کئی دن بعد وہ کالنجر کے قلعے کے سامنے نمودار ہوا۔ وقت ضائع کیے بغیر قلعے کا محاصرہ کر لیا گیا۔ سرنگیں کھودنے کا حکم دیا۔ ایک طرف قلعے کی دیوار کے نیچے بارود کا ذخیرہ رکھا ہوا تھا۔ شیر شاہ اپنے گھوڑے پر سوار اِدھر اُدھر بھاگنے دوڑنے لگا۔ وہ قلعے کے کمزور حصے کو تلاش کر رہا تھا۔

حمید اُس کے بارود کے ذخیرے کے پاس کھڑا ہوا تھا۔

سارا دن یوں ہی گزر گیا۔ اور رات خیموں میں بسر کی۔

دوسرے دن علی الصبح شیر شاہ بیدار ہوا، وضو کیا، نماز پڑھی اور اس کے بعد اس نے لوگوں کو حاضری کا حکم دیا۔ جب لوگ اسکو سلام کرتے وہ کہتا، "کوئی اور ہے جو اب بھی کسی کو مجھ سے کچھ مانگنا ہے؟"

کسی نے عرض کیا، "میں کئی سال سے اپنے گھر نہیں گیا مجھے چھٹی دی جائے۔"

شیر خان نے اس کی تحقیقات کرائی۔ جب یہ جان لیا کہ وہ سچا ہے تو عین محاذِ جنگ پر چھٹی دے دی۔

وہ دیر تک اسی طرح پوچھتا رہا اور دیتا رہا۔ آخر میں پوچھا "حمید لودھی کہاں ہے ؟ اس کو حاضر کیا جائے۔"

لوگ حمید کی تلاش میں ادھر اُدھر دوڑنے بھاگنے لگے جب حمید کو شیر شاہ کے سامنے لایا گیا تو شیر شاہ نے اسے اپنے پاس بٹھا لیا اور بقیہ کو رخصت کر دیا، اس کے بعد شیر شاہ نے حمید سے پوچھا۔ "تو کئی سال سے اپنے گھر نہیں گیا، آخر کیوں ؟"

حمید نے جواب دیا۔" میرا کوئی گھر نہیں بندہ پرور! پھر میں کہاں جاؤں؟"

شیر شاہ اسے دیکھتا رہا۔" وہ لڑکی تو تیرا انتظار کر رہی ہوگی ؟"

حمید نے بڑے کرب سے جواب دیا۔" میرا کوئی بھی انتظار نہیں کر رہا ہوگا بندہ پرور!"

شیر شاہ نے کہا۔" تو نے مجھے بے حد متاثر کیا ہے حمید، میں نے ٹانڈہ خواص پور کی جاگیر تیرے نام کر دی تو اگر جانا چاہے تو اسی وقت جا سکتا ہے۔"

حمید نے ازراہ اخلاق کہا۔" میں اپنی پوری زندگی آپ کی خدمت میں گزار دینا چاہتا ہوں، جہاں پناہ!"

شیر شاہ نے کہا۔" جہاں پناہ نہیں شیر خان کہہ حمید لودھی! میں تیرے لیے اب بھی شیر خان ہوں حمید!"

حمید نے نہایت عقیدت اور محبت سے شیر شاہ کی شکل دیکھی اور اپنا سر جھکا لیا۔

شیر شاہ نے کہا۔" اچھا کالنجر کا قلعہ سر کرنے کے بعد میں خود ٹانڈہ جاؤں گا اور تیرا قصہ نمٹا دوں گا۔"

ربیع الاوّل کی نو تاریخ تھی اور جمعہ کا دن تھا۔ شیر شاہ نے دوپہر کا کھانا چند علماء اور فضلاء کے ساتھ کھایا اُن میں حمید لودھی بھی شامل تھا۔ شیر شاہ کھانے کے دوران جہاد کے فضائل بیان کرتا رہا، اس نے کہا۔ " اگر مسلمان زندہ بچ جائے تو غازی اور مارا جائے تو شہید کہلاتا ہے، اس سے بہتر سودا اور کیا ہو سکتا ہے ؟"

علماء نے اُس کی تائید کی اور اس سلسلے کے چند اثر انگیز واقعات بھی سنائے حاضرین پر رقت طاری ہو گئی۔

کھانے سے فارغ ہونے کے بعد شیر شاہ نے پوچھا۔" دریا خان سروانی کہاں چلا گیا؟"

دریا خان سروانی حمید کے پیچھے کھڑا تھا وہیں سے آواز دی۔" بندہ حاضر ہے۔"

شیر شاہ نے پوچھا۔" بانوں کا ذخیرہ کہاں ہے؟" دریا خان شیر شاہ کو بانوں کا ذخیرے کے پاس لے گیا۔ شیر شاہ اس بارود کا ذخیرے کو دیکھ کر بہت خوش ہوا اور حکم دیا۔" انہیں آگ لگا کر قلعے کے اندر پھینکا جائے

حکم کی تعمیل کی گئی اور بان قلعے کے اندر پھینکے جانے لگے۔ دوسری طرف سے مسلمان سرنگوں کے ذریعے قلعے کے اندر داخل ہونے کی کوشش کرنے لگے۔

شیر شاہ دیدبان پر چڑھ گیا۔ یہاں سے کالنجر کے قلعہ کے اندر کا منظر صاف نظر آتا تھا قلعے کے اندر لوگ ادھر اُدھر چل پھر رہے تھے۔

شیر شاہ دیدبان سے نیچے آیا اور بارودی بانوں کو اپنی مرضی سے قلعے کے اندر پھینکنے لگا اسی دوران ایک گولہ قلعے کی دیوار سے ٹکرا کر بارودی ذخیرے پر گرا آگ بھڑک اٹھی اور گولے پھٹنے لگے۔ شیر شاہ اپنے رفقا کے ساتھ بارودی ذخیرے کے پاس کھڑا ہوا تھا۔ شعلوں نے اسے بھی اپنی لپیٹ میں لے لیا اس کے ساتھی اس بڑے وقت میں اس کا ساتھ چھوڑ کر بھاگ کھڑے ہوئے شیر شاہ گر گیا۔ چند جاں نثاروں نے اسے کھینچ کر دور کیا۔ لوگوں نے پاس ہی ایک چھوٹا سا ڈیرہ لگایا۔

شیر شاہ جھلس کر سیاہ پڑ چکا تھا۔ وہ اچانک اٹھا اور دوڑتا ہوا ڈیرے میں داخل ہو گیا اور پھر بے ہوش ہو کر گر گیا۔ حمید چند خدمت گزاروں کے ساتھ ڈیرے میں داخل ہوا تو شیر شاہ کو کسی قدر ہوش آچکا تھا، چیخ کر حکم دیا۔ ''یہاں کیا لینے آئے ہو جاؤ اور قلعے کو سر کر دو۔''

خیمے میں موجود لوگ باہر چلے گئے اور شیر شاہ کے حکم کی تعمیل میں جوش و خروش سے لڑنا شروع کر دیا۔

اس دن گرمی بھی بہت زیادہ تھی۔ اطبا نے اس کے جسم پر صندل اور گلاب کا لیپ کیا وہ بے چینی سے اطبا سے پوچھتا رہا۔ ''قلعہ کا کیا ہوا، سر ہوا یا نہیں؟ یہ دیر کیوں لگ رہی ہے؟''

کچھ دیر بعد عصر کی نماز کا وقت آ گیا۔ چند امرا دوڑتے ہوئے شیر شاہ کے پاس پہنچے اور خوشخبری سنائی۔ ''قلعہ فتح ہو گیا، قلعہ سر کر لیا گیا۔''

شیر شاہ نے فتح کی خوشخبری کو مسکراتے ہوئے سُنا اور بیہوش ہو گیا، وہ پوری رات بیہوش رہا دوسرے دن ربیع الاول کی دس تاریخ تھی شیر شاہ اب بھی زندہ تھا اور ہوش میں آچکا تھا اس عالم میں اس نے حمید کو طلب کیا۔ جب حمید اس کے پاس بیٹھ گیا تو شیر شاہ نے ہاتھ کے اشارے سے کان کو قریب لانے کا حکم دیا۔ شیر شاہ کا چہرہ کافی سُوج چکا تھا جس سے وہ بھیانک ہو گیا تھا۔

حمید نے اپنا کان شیر شاہ کے ہونٹوں پر رکھ دیا۔

شیر شاہ آہستہ آہستہ کہہ رہا تھا: ''حمید لودھی! جنگ اور محبت میں سب کچھ جائز ہے مانڈے واپس جاؤ اور اپنی محبوبہ کو یہ خوشخبری سنا دو کہ شیر شاہ کو میں نے ایک سازش کے ذریعے ہلاک کر دیا۔''

حمید چیخ مار کر رو دیا۔ اُس سے بولا نہیں جاتا تھا۔

شیرشاہ پھر بیہوش ہوگیا۔طبیبوں نے بڑی کوشش کی مگر وہ اُسے بچا نہیں سکے آخر آدھی رات کو یہ برقِ خلافت اندھیروں میں ڈوب گئی۔"

★

شیرشاہ کی لاش کو اس کی آبائی جاگیر سہسرام لے جایا گیا اور وہاں ایک تالاب کے بیچ میں اس کی ابدی آرام گاہ تیار کی گئی ، اتنی شاندار کہ بعض مورخین نے اسے آگرے کے تاج محل پر ترجیح دی۔

بھورے پتھر کی یہ عمارت مردانہ طاقت اور ابدی سکون کی آئینہ دار ہے۔

حمید جاگیر کے کاغذات لے کر ٹانڈے چلا گیا۔ اُس کا دل ٹوٹا ہوا تھا اور جسم بوجھل تھا اُس کا گھوڑا بھی آہستہ آہستہ چل رہا تھا۔ ٹانڈے کے گلی کوچوں میں کوئی تبدیلی نہیں ہوئی تھی۔ وہ آج بھی سالوں پہلے جیسے تھے۔

جب اُس نے آہستہ آہستہ دروازے پر دستک دی تو اندر سے ابراہیم کا چہرہ نمودار ہوا، وہ حمید کو دیکھ کر خوش ہو گیا۔ مگر پھر جیسے ہی چچا عثمان علی نے دُور سے پوچھا "کون ہے؟" تو ابراہیم کی خوشی کافور ہو گئی اس نے کوئی جواب نہیں دیا۔ حمید اندر داخل ہوا تو سامنے سے چچا عثمان علی کو اپنی طرف آتے دیکھا۔ وہ چند سالوں میں کچھ زیادہ ہی بوڑھے ہو گئے تھے انہوں نے حمید کا نہایت جوش و خروش سے استقبال کیا۔ حمید کی نظریں کلثوم کو تلاش کر رہی تھیں۔

چچا عثمان علی نے زور زور سے آوازیں دینی شروع کر دیں۔" اری کلثوم بیٹی تو کہاں چلی گئی دیکھ تو سہی یہ کون آیا ہے؟"

ایک کمرے سے کلثوم نمودار ہوئی اور آہستہ آہستہ چچا عثمان علی کی طرف بڑھی وہ ابھی تک حمید کو نہیں دیکھ سکی تھی کیونکہ حمید دالان کے ایک ستون کی آڑ میں کھڑا تھا۔

چچا عثمان علی نے حمید کو شانوں سے پکڑ کر کلثوم کے سامنے کر دیا۔" دیکھ تو سہی یہ کون آگیا؟"

کلثوم نے حمید کو دیکھا تو شرما گئی۔ اس کی خوشی اس کے انگ انگ سے پھوٹ رہی تھی۔ مارے خوشی کے اُس کی آنکھیں بھیگ گئیں۔

چچا عثمان علی اُن دونوں کو ایک کمرے میں لے گئے اور اپنے ہاتھوں سے بستر ٹھیک کر کے اس پر حمید کو بٹھا دیا، بولے:" حمید لودھی! مجھے یقین تھا تم ایک نہ ایک دن ضرور آؤ گے۔ سو میرا خیال درست نکلا۔"

پھر ابراہیم سے کہا:" یہ تو کھڑا کیا دیکھ رہا ہے جا حمید کے لیے کھانے پینے کا انتظام کر کچھ۔"

حمید حیران تھا کہ اتنے سالوں میں چچا عثمان علی کتنے بدل گئے ہیں سرہانے حمید بیٹھا تھا اور پائنتی کلثوم بیٹھی رو رہی تھی۔ حمید نے ٹانڈے کی جاگیرداری کے کاغذات چچا عثمان علی کے حوالے کر دیئے۔

چچا عثمان علی نے اعلان کر دیا:" حمید مرد ہے میں اس مرد کی قدر کرتا ہوں۔" چند دنوں بعد چچا عثمان علی نے ان دونوں کی شادی کر دی۔

★★

شہد اور گوند کے اسلوب کا ایک اور تاریخی ناولٹ

عشق کی آگ

مصنف : الیاس سیتاپوری

بین الاقوامی ایڈیشن جلد منظر عام پر آرہا ہے